实践应用型学前教育专业精品教材

幼儿教师心理健康教育

主　编　曹煜波

中国人民大学出版社
·北京·

图书在版编目（CIP）数据

幼儿教师心理健康教育 / 曹煜波主编. -- 北京 :
中国人民大学出版社，2021.10
实践应用型学前教育专业精品教材
ISBN 978-7-300-29858-0

Ⅰ. ①幼… Ⅱ. ①曹… Ⅲ. ①幼教人员－心理健康－
健康教育－幼儿师范学校－教材 Ⅳ. ①G443

中国版本图书馆 CIP 数据核字（2021）第 182064 号

实践应用型学前教育专业精品教材
幼儿教师心理健康教育
主编　曹煜波
You'er Jiaoshi Xinli Jiankang Jiaoyu

出版发行	中国人民大学出版社		
社　　址	北京中关村大街 31 号	**邮政编码**	100080
电　　话	010－62511242（总编室）		010－62511770（质管部）
	010－82501766（邮购部）		010－62514148（门市部）
	010－62515195（发行公司）		010－62515275（盗版举报）
网　　址	http://www.crup.com.cn		
经　　销	新华书店		
印　　刷	天津鑫丰华印务有限公司		
规　　格	185 mm×260 mm　16 开本	**版　　次**	2021 年 10 月第 1 版
印　　张	11	**印　　次**	2025 年 4 月第 2 次印刷
字　　数	223 000	**定　　价**	32.00 元

前言 PREFACE

“幼儿教师心理健康教育”是学前教育专业的一门专业课，主要研究幼师心理健康的特点、容易产生的问题和相应的解决方法。

近年来，各地偶发的幼师“虐童”事件触目惊心，引人深思，幼师的心理状态已经成为亟待关注的社会问题。由于幼师在幼儿心中具有天然的权威性和影响力，幼儿与幼师相处的时间又很长，因此幼师的一言一行、一举一动都会对幼儿健康发展产生潜移默化的影响。幼师若缺乏健全的人格和健康的心理，出现赏罚无度、喜怒无常，过于冷淡或严厉，使用语言暴力等行为，则可能会引起幼儿强烈的情绪波动和适应不良，甚至引发心理障碍。保证幼师的心理健康不仅是促进其自身发展、提高生活和工作质量的内在需要，也是其遵守职业道德、提高教学质量、促进身心健康的客观需要。一名好的幼师，不仅需要有丰富的专业知识和娴熟的教学技能，更需要有健全的人格和健康的心理。

本教材旨在帮助幼师提高心理健康水平，在编写过程中参考了大量的与幼师心理健康相关的研究资料和图书，并从构架、呈现方式等方面进行了创新，以适应当今开放教育相关课程的教学需求。此外，本教材还具有内容新颖、架构清晰等特点，各章皆由若干知识点构成，并设置了“案例引入”“学习目标”“思维导图”“思考练习”等内容，以理论为基础，以案例为向导，注重培养学习者解决实际问题的能力。通过本教材的学习，学习者不仅可以了解幼师容易出现的心理问题及相应的解决方法，还能根据书中提供的各种测量工具来对自己或身边的幼师进行简单的测量和评价，对帮助幼师学习和掌握一些简便易行的心理调适技能，及时克服情绪障碍和心理压力，完善自己的人格，更好地完成本职工作，都有很好的指导作用。本教材既可作为学前教育专业的教材，又可作为教育系统开展幼师心理健康培训的教材。

本教材在编写过程中参考了大量文献资料，在此谨向这些文献资料的作者表示诚挚的谢意。尽管做出了很多努力，但是由于工作量大、编者水平有限等原因，教材中难免有疏漏和不妥之处，恳请广大师生在使用过程中提出宝贵的意见和建议。

编者

目 录

CONTENTS

第一章 绪 论 / 1

知识点 1 心理健康是什么 / 4

知识点 2 幼儿教师心理健康现状 / 7

知识点 3 幼儿教师心理健康的维护 / 12

第二章 心理问题的成因 / 19

知识点 1 生物学因素 / 21

知识点 2 心理学因素 / 24

知识点 3 工作与社会因素 / 29

知识点 4 社会文化因素 / 32

第三章 幼儿教师常见的心理问题及对策 / 39

知识点 1 适应不良 / 42

知识点 2 角色冲突 / 43

知识点 3 心身疾病 / 45

知识点 4 神经症 / 53

知识点 5 人格障碍 / 60

知识点 6 职业倦怠 / 69

第四章 情绪与心理健康 / 77

知识点 1 情绪概述 / 79

知识点 2 情绪管理策略 / 84

第五章 认知与心理健康 / 97

知识点 1 幼儿教师的社会认知 / 99

知识点 2 认知状态与心理健康的关系 / 105

第六章 人际交往与心理健康 / 113

知识点 1 人际交往概述 / 115
知识点 2 幼儿教师人际关系的类型 / 119
知识点 3 幼儿教师人际关系的调适 / 129

第七章 婚姻、家庭与心理健康 / 135

知识点 1 婚姻与家庭概述 / 137
知识点 2 婚姻、家庭与心理调节 / 139
知识点 3 婚姻与家庭关系的调适 / 149

第八章 休闲活动与心理健康 / 155

知识点 1 休闲活动概述 / 157
知识点 2 休闲活动的类别和特征 / 160
知识点 3 休闲活动的功能 / 163
知识点 4 健康休闲活动方式的培养 / 166

参考文献 / 169

第一章

绪 论

案例引入

下面是一名刚工作不久的幼师的工作心得：

提起幼师，人们很自然就会联想到诸如能歌善舞、热情活泼、青春洋溢等。这些说得没错，只是太表面化了。正如事物都有两面性一样，任何职业都有它风光的一面，也自然有它艰辛的一面。作为幼师，在享受孩子的纯真带来的快乐的同时，来自职业的压力也是别人无法想象和体验的。

现实中，幼师要承受太多来自社会、家长、幼儿园等各方面的压力，因而要善于调整自己的心态，不至于让工作的压力影响个人的生活。幼师必须要有很好的心理素质和足够的心理准备，能够承受和分辨工作带来的压力，绝对不能把不好的情绪带到工作中，能真正做到这一点的人非常不简单。

经过一段时间的工作实践，我认识到，要做一名合格的幼儿园老师，总体概括起来要有"四心"：爱心、细心、耐心、责任心。这"四心"缺一不可。

首先，最重要的一点就是爱心。幼师要善于发现孩子的可爱之处，真心地为孩子的高兴而高兴，为孩子的快乐而快乐。

其次就是细心和耐心。在外人看来，做幼儿园老师好像是一件很轻松的事情，其实不然，仔细想想，每天孩子会发生多少事？游戏、生活、学习的每一个活动、每一个方面都有很多隐藏的问题或危险。例如，走路不小心会撞到门上或摔跤，游戏过程中会有小朋友打到别的小朋友等。所以，幼师一定要做到细心和耐心，关注每个环节，关注每个小朋友，耐心地处理幼儿之间的矛盾冲突。

最后就是责任心，孩子的一切都是幼师的工作。一切为了孩子，为了孩子的一切！拥有高度的责任心，才能更好地投入自己的工作当中，把孩子的快乐当成工作动力的源泉，成为一名合格的幼师！

学习目标

学习完本章内容后，你将能够：

- 解释心理健康的含义及标准；
- 了解幼师心理健康的现状及影响因素；
- 掌握幼师心理健康的维护方法。

思维导图

以下是本章内容的整体框架以及学习这部分内容的思维过程规划。此图可以帮助你从整体上了解本章的知识结构和学习路径，包括什么是健康和心理健康、心理健康者的综合表现、幼师心理健康现状、影响幼师心理健康的因素等。请你仔细品读和理解，帮助自己建立对本部分知识的整体印象。

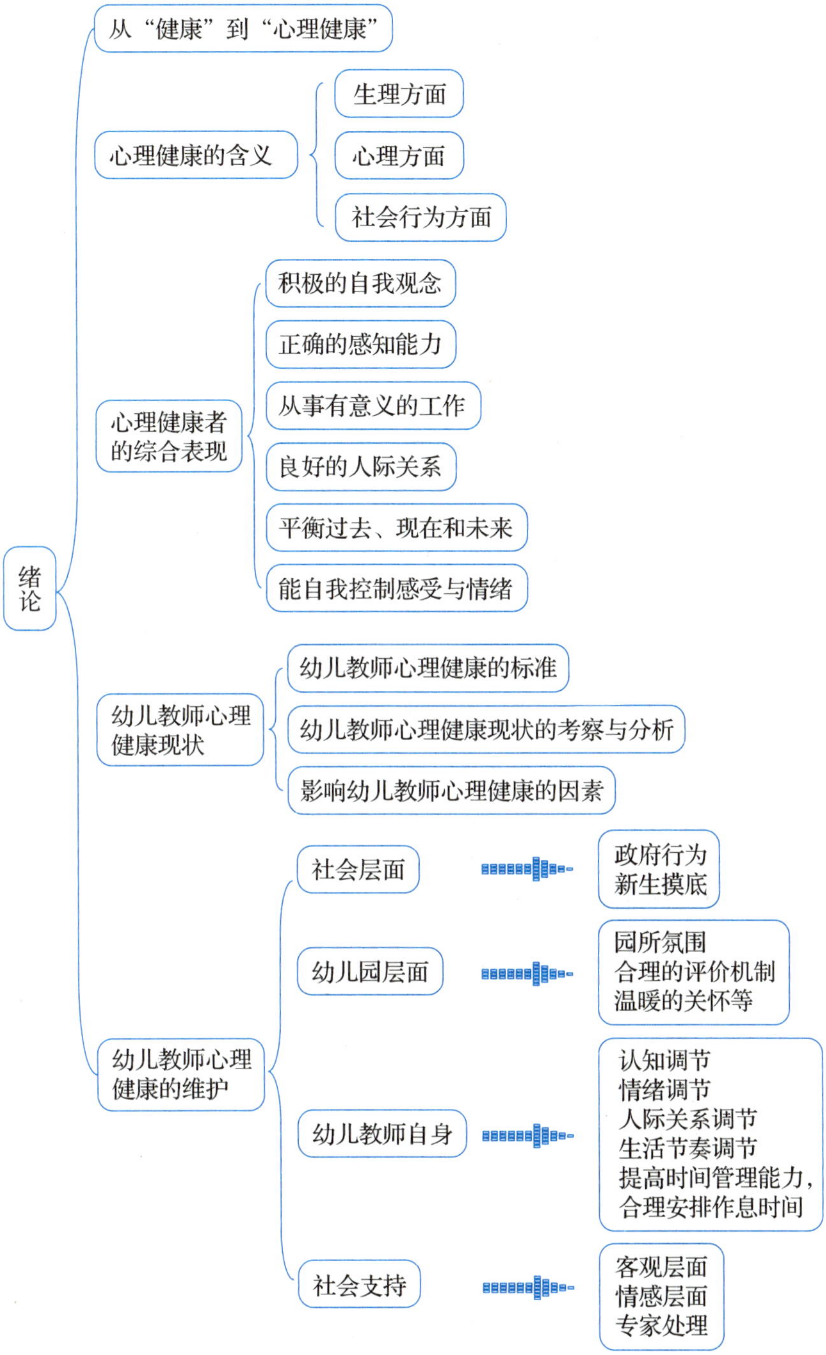

看完上面的思维导图后，你是否已经对本章所要学习的内容以及如何学习这些内容有一个初步的整体印象了呢？接下来，我们在这个整体框架的指引下逐一学习每个知识点的具体内容。我们需要重点学习什么是心理健康，了解幼儿教师的心理健康该如何维护。在学习完这些知识的基础上，要试着将它们与现实生活联系起来进行思考，这样可以帮助你更好地内化所学知识点。

知识点 1　心理健康是什么

学前思考

在学习之前，我们先来看看日常生活中大家对心理学的一些认识上的误区：

1. 身体健康的人心理一定也很健康；
2. 心理不健康就是自己想不开；
3. 幼师跟孩子们在一起，每天都乐呵呵的，心里应该都很阳光。

一、从“健康”到“心理健康”

有这样一个法则，人的一生就像这样一串数字：100 000……，你拥有美貌可以加一个 0，拥有智慧可以加一个 0，拥有权力可以加一个 0，拥有朋友可以加一个 0，拥有幸福的家庭可以加一个 0，拥有成功的事业可以加一个 0……但是让这一串数字有意义的是什么？是前面的“1”，这个“1”是什么？就是我们的“健康”！其他都可以推倒重来，而一旦健康垮了，一切就都没有意义了。

日常生活中常说的“健康”，一般指的是身体健康，通俗地说就是无病，各项身体机能良好。但随着时代的发展，人们对健康的理解在日益加深，人们越来越认识到：心理和生理不可分割，心理和社会适应也是分不开的。人的心理一旦失常，社会适应能力就会遭到破坏，甚至无法进行正常的家庭生活和社会生活，这不仅会给个人和家庭带来极大的痛苦和不幸，而且会影响社会。

1946 年，《世界卫生组织宣言》开宗明义地提出：健康不仅是没有疾病和虚弱现象，而且是一种个体在身体上、心理上、社会功能上均完全安好的状态。世界卫生组织根据现代生物—心理—社会医学模式，确定了健康的 10 项标准。

健康的 10 项标准

1. 精力充沛，能从容不迫地应付日常生活和工作的压力而不感到过分紧张。
2. 处事乐观，态度积极，乐于承担责任，事无巨细，不挑剔。
3. 合理作息，睡眠良好。
4. 应变能力强，能适应环境的各种变化。
5. 能够抵抗一般性感冒和传染病。
6. 体重适当，身材匀称，站立时头、臂、臀位置协调。

7. 眼睛明亮，反应敏锐，眼睑不发炎。
8. 牙齿清洁，无空洞、无痛感，牙龈颜色正常，无出血现象。
9. 头发有光泽，无头屑。
10. 肌肉、皮肤富有弹性，走路感觉轻松。

由此可见，一个健康的人，既要有健康的身体，又要有健康的心理和行为；只有当一个人的身体、心理和社会适应都处在一种良好状态时，才是真正的健康。因此，心理健康是个体健康不可缺少的一个组成部分，现在也越来越受到重视。这一系列的变化和研究推进，改变了人们对于“健康”的认识，由以前仅仅关注身体健康逐渐向关注整体健康过渡，对心理健康更加重视。

二、心理健康的含义

许多学者从心理健康研究的角度，提出了自己对于心理健康的看法。这些看法虽各有不同，但总体来说都认为身心平衡、情感和理智和谐是一个健康之人所必须具备的条件。而心理健康则是指：不仅没有心理疾病或变态，且在个人身体上、心理上以及社会行为上均能保持最佳的状态。由此可见，心理健康包括生理、心理及社会行为三个方面。

（一）生理方面

一个心理健康的人，其身体尤其是中枢神经系统应无疾病，其功能都在正常范围内，且无不健康的体质遗传。健康的心理必须以健康的身体为先决条件，有了健康的身体，个人在情感、意识、认知和行为上才能运作正常。所以说，健康的心理基于健康的身体。

（二）心理方面

一个心理健康的人，能对自我持肯定的态度，能对自我有清晰的认知，明确认识自己的潜能、长处和缺点，并发展自我。认知系统和环境适应系统能保持正常而有效率，能兼顾自我发展与人际和谐，在本能、自我与超我之间能平衡发展，且面对问题能积极调适，而不依赖消极的心理防卫。

（三）社会行为方面

一个心理健康的人，在社会环境中能有效地适应，并能妥善地处理人际关系，其行为符合生活环境中文化的常规模式而不离奇怪异，角色扮演符合社会要求，与社会保持良好的接触，且能为社会做贡献。

按照我们生活中的惯常理解，说一个人心理健康，往往指这个人生活得比较轻松、惬意、快乐、心满意足。而说到一个人心理“不健康”“有问题”，则往往产生一种“退避三舍”“敬而远之”的心态。事实上，每个人都处在极健康和极不健康之间的连接线的某一点上，而且人的心理健康状态又是动态变化的，它只是反映某人在某一特定时间内的特定状态。我们所说的心理健康是指在较长一段时间内持续存在的状态，而不是一时看到的偶发现象。在心理健康和心理不健康之间，并不存在一条不可逾越的鸿沟。因此，可以把心理健康看成一个连续体，每个人都在健康与不健康之间徘徊。

三、心理健康者的综合表现

尽管上述标准各有侧重，但总体来说，心理健康者往往表现出相近的心理和行为特点，在认知、情绪、人格和行为上都比较和谐。心理健康者通常具有以下表现。

（一）积极的自我观念——能了解并接受自己

拥有健康性格的人，能够正面地看待自己和别人，肯定自己，也觉得自己能为他人所接纳；能了解自己的长处与短处，并对此有适当的自我评价，不过分自我炫耀，也不过分自我责备，即使对自己有不满意的地方，也不妨碍感受自己较好的一面。心理不健康的人，则总是将注意力放在自己的缺点上，以至于认为自己很差，缺乏自信。

（二）正确的感知能力——面对现实能有效适应

心理健康的人能对现实环境有正确的感知。每个人每天都在适应环境和应对环境中的压力与要求，因此能对现实做正确的诠释是相当重要的。心理健康的人可与现实保持良好的接触，能对环境做正确的、客观的观察，并可做有效的应对——既然我无法改变环境，我就适应环境。换言之，心理健康的人用切实的方法来解决问题，而不企图逃避问题；能忍受生活中的挫折和打击，而不遁入幻想。同时，在不违背团体原则的前提下，能保持个性，不过分献媚，也不过分追求赞美。

（三）从事有意义的工作——勤于工作且热爱工作

大多数人都要投入相当多的时间在不同形式的工作上。心理学家埃克森指出，对工作的投入能使人获得成就感并提高自我价值感，对于心理健康相当有益。所以有能力从事生产性工作，是一项有益于健康的人格特质。工作或职业可以表现个人价值，使人获得社会地位，并消除不必要的忧虑。一个心理健康的人，能将本身的才能通过工作表现出来；同时，也可以从工作中获得成就。心理健康的人，一定是勤于工作且热爱工作的人。

（四）良好的人际关系——有朋友且有亲密的朋友

朋友可以满足我们安全与隶属的需要，满足爱与被爱的需要，并可与我们合作奋斗、分忧解愁。一个心理健康的人，能爱人也能被人爱；与人相处时，尊重、信任、赞美、喜悦等正面情绪多于仇恨、怀疑、妒忌、厌恶等负面情绪。所以，维持和谐的人际关系的人，并不一定有许多好朋友，但一定能与亲近的人维持亲密的关系，且能在和别人交往时感到舒服自在，并能满足自己的需求。

（五）平衡过去、现在和未来——活在现实生活中，吸取过去之经验并策划未来

拥有健康心理的人，能吸取过去的经验以策划未来，能重视现在且能预见即将面临的困难而提前设法解决，平衡过去、现在、未来，对生命做最好的安排。拥有健康心理的人并非一定是十全十美的人，而是能从过去的错误中学习，进而迈向成熟的人。

（六）能自我控制感受与情绪——真实且实际地感受情绪并恰如其分地控制

一个心理健康的人能体会所有的情绪。其感受快乐、愉悦、爱与感受忧伤、罪恶、愤怒一样自然。心理健康的人能如实地感受环境，获得真实的情绪体验，并能恰如其分地控制情绪，不至于太过或不及。情绪若不加以控制或过分控制均会令人不悦。心理健康的人不会过于冷酷，在情绪方面能恰当地控制并表现得合乎情境。

知识点 2 幼儿教师心理健康现状

学前思考

1. 幼师心理健康的标准是什么？
2. 影响幼师心理健康的因素有哪些？

一、幼儿教师心理健康的标准

心理学家兰肯指出，从心理健康维度来考察，优秀幼师应具备以下特征：

（1）喜欢幼儿。

（2）自我调适良好，可为幼儿之表率。

（3）具有教育和心理卫生方面的知识。

（4）知道幼儿成长和发展的途径，并能应用不同的技术来了解幼儿及其需要。

（5）能提供促进心理健康的环境气氛。

（6）能帮助幼儿满足其基本的情绪需要。

（7）能识别有严重问题的幼儿，并知道在什么地方及如何使他们得到帮助。

幼师作为大众群体的一员，其心理健康标准与一般的心理健康标准在结构上具有一致性。当然，在考虑幼师心理健康标准时，除了要符合大众心理健康标准，还应考虑幼师职业的特殊性。关于幼师心理健康标准，以下几个基本问题应进一步澄清：

一是幼师心理状况能否区分为健康与不健康两种状态。目前，多数关于幼师心理健康的研究都报告了心理不健康的幼师人数比例，这在一定意义上意味着幼师群体按心理健康与否可以区分为两部分，即健康者和不健康者。然而，人的心理是一个结构复杂、处于发展变化过程中的动态系统，每个人的心理都会在各个方面呈现出不同的状态。某些人可能在某些方面心理健康水平处于优势状态，而在其他方面又很薄弱。

心理状态具有层次性和一定的维度，我们很难用健康或者不健康来说明。因此，人的心理健康状况是一个相对的概念，个人的状况都位于从极不健康到极健康之间的某个位置上，可能距离健康状态更近一些，也可能距离某种心理疾病状态更近一些。调查表明，处于完全不健康状况的人只是少数。对于幼师这个群体来说，如果检测出心理有问题，可能只是心理的某一个或某几个方面出了问题，他们在其他方面不一定不健康，所以，对其不能全盘否定；同时，应该意识到没有检测出心理问题的幼师也并不意味着是完全健康的。例如，两名幼师的量表得分仅相差一分，如果我们把一名幼师划在心理健康的范围内，而把另一名幼师划在心理不健康的范围内，显然，这种划分是不科学的。所以，在看待幼师的心理问题时，应避免把幼师断然分成“健康”与“不健康”两个群体，关键是及时发现幼师的心理问题，同时有效地对其进行疏导和调节。

二是幼师所表现出的心理与行为不适应现象能否都可称为心理疾病或心理障碍。幼师作为社会的人，在与环境互动的过程中会表现出适应与不适应。有些不适应可能是情境性的，有些不适应可能是特质性的。例如，在绩效评估时，或是在优质课评比的一段时间内，幼师会表现出焦虑，这种焦虑可能会随时间和情境的变化而减弱或消失，这就是情境性的；若焦虑不因时间和情境的改变而改变，则是特质性的。目前，幼师心理健康状况调查所采用的自评量表大多为状态量表，即要求幼师根据最近一周内的个人生理和心理状况进行自我评定，如“最近一周我时常感到焦虑”。可见，量表题目反映的主要是受测者接受测验前某一时间段问题的性质是情境性的还是特质性的。因此，当判断幼师心理是否健康时，对哪些现象是幼师暂时的心理状态、哪些现象是稳定的人格特质表现，哪些是正常问题、哪些是异常问题进行区分是必要的。对情境性的问题应及时干预，以免转化为特质性问题；对具有人格特质问题的幼师应做好有效的监控，而不是简单将其归入心理异常的群体。

三是幼师违反职业道德是不是心理不健康的表现。职业道德是一定社会的道德原则、规范在职业行为和活动中的特殊表现，是从业人员在职业活动中应该遵循的道德规范以及应当具备的道德观念，是道德情操和道德品质在道德行为上的具体表现。幼师职业道德是整个社会广泛认同的，也是从事幼师职业的社会成员必须达到的标准，是对幼师行为的规范。

幼师心理健康是指幼师个体的适应与发展，它涉及幼师认知、情绪、自我等方面。例如，有研究者认为，幼师心理健康标准是对幼师角色的认同：勤于幼教工作，热爱幼儿教育；有良好和谐的人际关系；能正确地了解自我；具有教育独创性；在幼教活动和日常生活中均能真实地感受情绪并恰如其分地控制情绪。也有研究者认为，幼师心理健康标准是自量、自尊、自立，能够从心理上正确认识自己，积极认同、接纳自己的幼师身份；爱教、敬业、勤奋，能较好地适应幼教工作的职业环境；热情、耐心、随和，具有和谐的人际关系，特别是师幼关系；积极、乐观、自制，有较强的自我调节能力，能较好地协调与控制情绪；理智、公正、行为合理。由此可见，心理健康强调个体对环境的适应与自我调节，有水平高低之分而无好与坏、是与非之分。

当然，职业道德与心理健康也有一定的联系，幼师职业道德观念、道德情操、道德行为都是基于一定的心理基础而形成和发展的。心理健康是形成幼师良好职业道德的前提条件，而良好职业道德也是幼师个体心理健康的重要体现。

二、幼儿教师心理健康现状的考察与分析

以笔者所在区域的幼师调查结果为例，在汉密尔顿焦虑量表中，高焦虑者 76 人，占总数的 64%；低焦虑者 43 人，占总数的 36%。该区幼师在主观上认为自己没有焦虑症状，但是事实上却存在较为严重的心理焦虑问题。

在调查访谈中发现，幼师工作多年后的整体感受集中于紧张、单调、烦闷、辛苦、压力大、奉献、苦中有乐、酸甜苦辣。幼儿的安全使幼师们紧张；一日生活安排让幼师们感到单调；承担的角色不明确等使幼师们感到烦闷；烦琐而紧张的工作让幼师们感到辛苦；科研工作、教学工作以及自身发展所需要的学习和进修等让幼师们感到压力重重；付出的和得到的不成比例，使幼师们感到这份工作只是奉献。访谈中，一位老师说："当幼师非常辛苦，太累、太紧张。干这一行奉献的多，管理层方面和家长方面的不理解让我厌倦了这份工作。比如：你整天认真、努力地工作，园长却看不到，得不到赏识和重视，时间长了觉得工作很没劲。"

广州市陆珠玲等人通过调查得出以下几点结论：第一，"忙"是时代的特征，幼师不仅忙而且特别累。第二，保育事故是把"魔剑"，给幼师带来了巨大的心理压力。调查中，回答"工作中最怕发生的事是什么"一题，所有人都写了"事故"。因怕出事故而提心吊胆是幼师工作压力中最大的一点。在现代家庭中，子女稍出差错，家长反应都会十分强烈，幼师都说："哪里出了点响声，我的心就'砰'地跳一下。"幼师在工作时高度紧张，以致身心疲惫，无力实施教育计划，有的幼师为了避免"事故"，宁可少开展教育活动。第三，幼儿园的许多活动得不到幼师的认同，增加了幼师的负担。一些对幼儿园很有价值的活动已经异化成了幼师的负担，加之形式主义和不公平对待等问题使幼师产生了逆反心理。在忙碌而紧张的工作之后，幼师接受继续教育和自学的精力已严重不足。第四，幼师认为幼儿园的教育内容过多，幼师是被"赶鸭子上架"。有 88%的幼师认为幼儿园的教育内容"太多"，

几乎包罗万象，一个幼师不可能对如此多的教育内容和方法进行精深的理解和掌握。第五，班级人数普遍超标，教室里经常像闹市；幼师早出晚归，持续上班时间过长。相关统计显示，公立幼儿园大班平均人数为42人，中班为38人，小班为37人；私立幼儿园人数略低。幼儿园各班人数普遍超出定额，有的班人数高达50多人。面对如此多的自控力极低的幼儿，幼师组织一次活动是非常辛苦的；即使不是组织活动，几小时处于闹哄哄的环境中也是十分痛苦的事，何况还要保证几十个活蹦乱跳的幼儿不出事故。幼师早晨平均上班时间为7：05，要求幼师早早起床，早餐吃得简单，而下午须等幼儿离园后方可下班，晚上还得应付家长的电话及家访，属于自己的时间所剩无几。第六，部分幼师存在较强的自卑感和职业厌恶感。有83%的人认为幼师职业的社会地位"过低"，只有5%的人感到"一般"。第七，大多数幼师已不热心于幼儿教育事业，心理的叛逃是必须警惕的教育危机信号。在以人为本的民主化管理推行了几年的情况下，仍有82.6%的人对幼儿园民主氛围感到"很不满意"，5%的人"基本满意"，12%的人"无所谓"。而对于经济待遇，从职业的经济贡献率或职业在社会中的地位来看，85%的人感到"比较满意"。

三、影响幼儿教师心理健康的因素

面对职业心理困境，幼师应该分析原因，以便反思过程、寻找对策。当前影响幼师心理健康的因素有以下几个方面。

（一）较低的社会地位

较低的社会地位确实困扰着广大幼师，调查结果表明，有81.1%的被调查者认为自己的社会地位处在7层或7层以下（假设不同职业社会地位从低到高分为10层）；有76.7%的被调查者认为在他人眼中自己处在6层或6层以下。另外，有33.3%的幼师认为工作中的自己更像保姆。这种状况影响了幼师工作的积极性、从业的坚定性以及工作中的幸福感。

（二）幼儿家长的不尊重和不理解

调查表明，在影响幼师对职业的热爱的因素中，有65.6%的被调查者选择了"幼儿家长对自己工作的不理解和不尊重"。家长的不理解和不尊重，意味着幼师的价值受到了挑战，幼师当然会感到不幸福。因为"当人们珍视某些价值而尚未感到受到威胁时，他们会体会到幸福；而当他们感到所珍视的价值确实受到了威胁时，他们便会产生危机感——或成为个人困扰，或成为公众话题"。

（三）生活在儿童的世界中，失去了与成人世界交流的机会

幼师生活中常出现一种现象："幼师孤立"。"幼师孤立"是讨论幼师文化时最常被提及的一个特征。德国瓦格纳（Wagner）认为，这种孤独感体现在不同层面，最常见的是孤立于迅速变迁的外部世界。幼师生活在儿童的世界里，而渴望与成人交流；生活在幼儿园狭小的天地里，而渴望走向更广阔的社会，双重矛盾压得他们

喘不过气来。访谈中一位老师说："我妹妹认为我与人交流有障碍，跟人相处不适应。幼师接触的面太窄，幼儿园天地太小。每天到了班上就面对孩子，有时候觉得自己很孤独。在其他单位都有与成人交流的时间和机会，就算是护士、医生也有与病人交流的机会，而我们与成人交流的机会很少。"

（四）职业生命周期的特殊性——短暂的黄金时期和衰退期提前

每一种职业都有自己特定的生命周期规律，幼师也不例外。休伯曼等人根据工作年限把教师职业生命周期划分为：入职期（工作 1～3 年），稳定期（工作 4～6 年），实验和歧变期以及重新估价期（工作 7～25 年），平静和关系疏远期以及保守和抱怨期（工作 26～33 年），退休期（工作 34～40 年）。社会对幼师的年轻化期望，使得幼师职业生命周期与一般教师有所不同。对幼师来说，职业生命周期体现出以下特征：第一，职业生涯的黄金时间短，一般在工作后 6～10 年；第二，衰退期提前，幼师职业生涯的衰退期和正常生理年龄差距较大。从访谈中发现，很多幼师认为在 35 岁左右就进入了衰退期。

（五）组织管理与教学自主的冲突

教学自主是指幼师有权依据自己的专业知识和能力从事跟教学有关的工作，能自由做决定，不受他人干扰。在不违背国家基本教育精神的前提下，幼师应拥有制订教学计划、选编教育内容、选择教育形式和方法、安排教学进程等方面的自主权。教学自主是幼师拥有主体地位的体现，也是幼师获得职业幸福感的必要条件。虽然法律规定了幼师拥有教学自主的权利，但是在实际教学过程中，幼师却由于种种原因而无法自主。从访谈中发现，组织管理方面对幼师教学自主阻碍最大。现代管理讲究效率和效益，却忽略了探究这些效益是"谁的效益"，而为了达到这些效益，被管理者又要付出什么样的代价。例如，被管理者在工作上享有的自主性以及个人发展和参与决策的机会，都在效益为先的原则下大大减少。相反，工作压力及来自上级的监控则比以前大大增加，而这些效益的成本却从来无人过问。在这种形势下，幼师发现他们的教学工作受到越来越繁杂、越来越具有压迫性的控制。凡此种种，使得幼师基本上失去对教学环境的控制权。

（六）人际关系的困扰

人际关系的困扰是影响幼师心理健康的一个非常重要的因素。幼师绝大多数是女性，她们有着共同的心理弱点，比如情绪容易波动、比较敏感和脆弱、从众心理比较强、过于注重别人的评价、过于计较一些意义不大的小事等。因此，女性幼师之间的关系往往相对复杂，关系也较难相处，这也增加了她们的烦恼。

（七）生活的压力

收入问题是影响幼师心理健康的重要因素。幼师在平凡的岗位上付出了艰辛的劳动，但所得收入与其工作的重要性、工作的强度并不成正比。在我国，学前教育不在义务教育的范围之内，很多幼儿园也是私立性质，国家对幼师的工资待遇没有太多强制性的规范，他们的收入明显低于其他行业，薪资很难满足基本的生活需要。在巨大的生活压力下，幼师很容易出现一定的心理问题。

知识点 3　幼儿教师心理健康的维护

学前思考

1. 从社会层面考虑，如何对幼师的心理健康进行维护？
2. 从幼儿园层面考虑，如何对幼师的心理健康进行维护？
3. 从幼师自身出发，如果有效地进行自我调节？

一、在社会层面为幼儿教师的工作提供支持和保障

（一）政府部门要提高幼师的社会地位

政府部门要把提高幼师心理健康水平作为一件关系到素质教育的大事来抓，大力宣传幼师工作的价值和复杂性，以提高幼师的社会地位。尤其要将“尊师重教”的意识落到实处，保障幼师的合法权益，使全社会各行各业和每个幼儿的家庭都能与幼儿园一起承担教育的责任。

（二）幼儿园在招生时应对幼儿基本情况进行摸底存档

幼儿入学前，可以对幼儿及幼儿家长进行面试，并可根据以下问卷来辅助判断幼儿及其家长的基本情况。

小测试

测试共有 15 道小题，可通过观察孩子及询问家长的方式进行评分。

评分标准：1，能；2，否；3，能；4，否；5，否；6，是；7，否；8，有；9，否；10，否；11，是；12，否；13，否；14，能；15，否。与以上答案相符的每题计 1 分，否则不计分。满分为 15 分。

1. 孩子能否轻易被逗笑？　　a. 能　b. 否
2. 孩子是否经常发脾气？　　a. 是　b. 否
3. 孩子能否安静地躺下睡觉？　　a. 能　b. 否
4. 孩子是否总把家人激怒？　　a. 是　b. 否
5. 孩子是否挑食？　　a. 是　b. 否
6. 孩子的饭量是否稳定？　　a. 是　b. 否

7. 孩子吃饭时是否经常发脾气？ a. 是 b. 否
8. 孩子有没有要好的小朋友？ a. 有 b. 无
9. 孩子是否经常失去自制力？ a. 是 b. 否
10. 孩子是否总是需要看管？ a. 是 b. 否
11. 孩子是否做到夜间不尿床？ a. 是 b. 否
12. 孩子是否有吮手指的习惯？ a. 是 b. 否
13. 孩子是否经常抽噎、啜泣？ a. 是 b. 否
14. 孩子能否安静地独自待一会儿？ a. 能 b. 否
15. 孩子是否有明显的恐惧表现？ a. 是 b. 否

测试结果评价：11～15 分，表示孩子心理状态较好；6～10 分，表示孩子心理状态正常；0～5 分，表示孩子心理状态较差。

参考此测试得出的分数可以帮助幼儿园及幼教培训机构及时掌握幼儿的大致情况，酌情处理应对。

二、幼儿园要采取切实有效的措施，创设有利于保持心理健康的氛围

幼儿园要为幼师创设良好的教学环境，尽可能多地为幼师提供学习深造的机会，建设民主、平等、互相尊重、和谐的氛围。

（一）营造宽松的心理氛围与和谐的人际关系

幼儿园应以人本思想为指导，树立民主平等意识，注重情感交流，营造一种互相尊重、平等相待的宽松心理氛围与和谐人际关系，使幼师置身其中能有一种安全感，从而心情舒畅地进行工作和学习。

（二）正确认识和对待幼师心理健康问题

幼儿园领导要正确认识、高度重视幼师心理健康问题，把维护幼师心理健康提到工作日程上来。领导要协调安排幼教工作，加强幼师的心理健康与辅导工作；采取有效措施，如请专家来园举办讲座等，提高幼师的心理保护意识。

（三）帮助幼师树立正确的人生观、价值观和明确的奋斗目标

正确的人生观、价值观和明确的奋斗目标，是幼师保持良好心理状态的源泉和动力。因此，帮助、引导幼师树立正确的人生观、价值观，确定一个明确的奋斗目标就显得十分重要。

（四）满足幼师需求，提供更多的教育进修机会

幼儿园应满足幼师的合理需求，尽可能地为幼师提供外出业务进修的机会，让他们了解更多的信息，掌握更多的教学技巧和现代教育技术，特别是应当创造条件使每个幼师都有获得事业成功的可能。此外，幼儿园管理者在管理工作中应该树立

“以人为本”的理念，关心幼师的生活。

（五）合理运用评价激励机制

幼儿园在考核评优和职称晋升中务必做到公正、公开、公平，使之成为幼师积极工作的动力之一。在处理幼师违反园规园纪的问题上，既要依“法”办事，又要以“情”动人，使有违规违纪行为的幼师能自觉地承认自己的错误，并能在以后的工作中与其他幼师一道同心同德地投身于幼儿教育事业中。

（六）全力解决幼师超负荷工作问题

在保障正常教学的情况下，幼儿园应给幼师更多的工作灵活度和教学自主权，尽量减少内部名目繁多的检查和评比活动等。

（七）多开展各类活动，为幼师广开感情交流的渠道

幼儿园要经常组织内外联谊会、舞会、假日旅游、参观等集体娱乐活动，丰富幼师的业余生活，增进幼师与社会各界的相互交往，促进良好人际关系的建立；要建立健全幼师心理档案制度，定期或不定期地举办心理健康教育讲座，通过温馨谈心室、民主生活会、教代会等方式为幼师广开感情交流的渠道。

（八）关心幼师的家庭生活

关心幼师的家庭生活，及时提供精神上的关心和经济上的帮助，激发幼师工作的积极性。

三、幼儿教师个人应增强自我保健意识，提高自我调节能力

（一）认知调节

不良情绪往往与人们选择的观念系统有关，如果能改变观念，压力造成的心理疾病就会不治而愈，怨天尤人不如调整认知。在多元价值中，幼师要确定自己的价值体系，形成积极认知，消除思维偏差，转变不良情绪。

案例

数钞票

有一档娱乐节目，其规则是：在规定的三分钟内，让现场的四名观众进行点钞比赛，谁数得最多、最准确，他就可以获得刚刚自己所数得的现金。在这三分钟内，主持人轮流给参赛者出脑筋急转弯的题目，来打断他们的正常思路，并且必须答对题目才能接着往下数。下面是某期节目中四名观众的比赛结果：

第一位：3 472 元。第二位：5 836 元。第三位：4 889 元。第四位：500 元。

主持人开始验证所数币值的准确性。前三名数得多的观众，不是多计了100元，就是少算了5元，或者10元，距离正确币值都只是一“票”之差。只有数得最少的第四位，币值完全正确。按游戏规则，只有第四位观众获得500元奖金，而其他三名参赛观众都只是做了三分钟的无用功。

面对这样出乎意料的结果，台下的观众先是沉默，继而爆发出热烈的掌声。这时，主持人拿着话筒，很严肃地告诉大家一个秘密：自从这档娱乐节目开办以来，在这项角逐中，参赛者所得的最高奖金从来没超过1 000元。

全场观众若有所悟。主持人最后说：“有时，聪明的放弃，其实就是经营人生的一种策略，也是人生的一种大智慧。不过，它是需要更大的勇气和睿智的啊！”

调节对自我的认识，树立正确而稳定的自我概念，才能正确认识自己，客观评价自己，合理要求自己，才能正确地对待他人对自己的评价，做自己认为该做的事，了解并愉悦地接受自己的优点和缺点，不给自己设定高不可攀的目标。

由己及人，也要客观地评价别人，接纳并理解别人的错误和缺点，对世事中的不平、不满、不尽善尽美之处能处之泰然。

自我意识的水平制约着对自己人格发展进行调节的能力，一个人的自我意识是由无到有、从低级向高级发展的。在不同的发展阶段，一个人的自我意识水平不同，则对自身人格发展的调节能力也是不同的。

认知调节的一般策略如下：

第一，学习心理常识，了解常见的心理问题和心理疾病，以及预防和治疗的方法等。作为幼师，并不缺乏心理学常识，但是遇到自己无法解决的心理问题，不少人还是会碍于面子而不愿意向别人寻求帮助，对自己的心理问题缺少关注，错误地以为“挺一挺就会过去的”，以至于耽误了时间，引起不良的后果。

第二，注意进行认知的改变，提高认知水平。幼师心理保健应该侧重于认知调整和师生关系改善这两大方面。由于教育对象的特殊性，幼师面对的师生关系相对更复杂。因此，从认知上调整对师生关系的认识、积极地改善师生关系，显得极其重要。

有的幼儿由于受到家庭、学校的关注较少，缺乏成就感，来到学校，他们渴望得到老师的关注，老师应该接纳他们，把每一个幼儿当作一个具有个性的人来看待。对待幼儿，不能急于下结论，如“他怎么这么不听话”“他为什么这么懒”“他这样的人难成大器”等，而应该着眼于理解和尊重，着眼于把工作做好。比如，“这个孩子很有特点”“孩子肯到学校接受教育是件很好的事情，我有责任把他教育好”等，这些良好的认知能够有效地解决问题，帮助幼师改善师生关系，促进师生心理健康发展。

第三，学习并掌握心理调适操作方法。比如情绪放松的方法、压力缓解的方法、心理训练的方法，以及参与心理咨询和心理治疗的方法等。比如，有的幼师经常在教学过程中发脾气，导致师生关系紧张。这显然是一种情绪失控现象，对师生身心健康将产生严重的不良影响。幼师应运用恰当的心理调适方法，放松情绪，提高情绪控制能力，建立温馨和谐的师生关系，从而促进师生身心健康发展。

（二）情绪调节

个体管理和改变自己或他人情绪的过程，是通过一定的策略机制，使情绪在生理活动、主观体验、表情行为等方面发生变化。

情绪是有能量的，情绪能控制人，心理状态是一种隐性积累，到一定程度时就会反映到身体上。心理上的问题会引起身体的一些生理反应，严重者会形成心理障碍而影响正常生活。情绪需要表达、接纳，不要压抑。正如《黄帝内经》中所说："百病生于气""喜怒不节则伤于藏（脏），藏伤则病起于阴"。

情绪调节的方法如下：

首先，应该认真思考并检查自己的心理状态是否有异常情况，比如思维、生活、人际关系等情况和身体健康状况是否正常，如有异常，应及时解决这些问题。

其次，深入了解自己班里的幼儿，经常与幼儿沟通。

再次，发脾气的时候，可以采取深呼吸等放松方法，及时地控制住自己的不良情绪，也可以马上转移自己的位置，如到教室门外站一会儿，或转过身体，心里告诫自己："不能发脾气，发脾气根本不能解决问题。个别孩子惹我生气，但我不能让全体孩子都挨批评。"

最后，可以利用合理情绪疗法之 ABCDE 模式、模仿法、角色扮演法等进行心理训练。训练程序一般包括以下四步：一是找出引发不良情绪的事件；二是分析不良情绪产生的原因；三是采取自我辩论等方法对抗、修正自己不合理的思维方式；四是设计出新的、恰当的表情、动作、言语，当突发事件发生时用它们来表达自己的情感。

（三）人际关系调节

提高人际交往能力，不断补充心理营养，注意转换角色，不要以自我为核心，培养对交际的兴趣，扩大社会交往层面，积极助人，与人合作，多与别人交谈，学会表达与沟通，恰当地交流思想与感情，恰到好处地把握与他人交往的距离。

（四）生活节奏调节

正确理解身心关系，坚持健康的生活方式，注意营养需求的满足，养成良好的饮食习惯，积极进行体育锻炼，保持良好的身体素质，适当安排娱乐与休息，保持旺盛的精力，定期体检，积极治疗疾病。

（五）提高时间管理能力，合理安排作息时间

时间是一种选择，时间是一种安排，时间是持续兑现的支票，无法开源也无法

节流，但是可以优化利用。例如，把事情分为四类：重要并紧急的；重要但不紧急的；不重要但紧急的；既不重要也不紧急的。我们在做时间的计划安排时，重要并紧急的事情，要立即去做；重要但不紧急的事情，要有计划地尽快做，不要拖到最后变成了重要并紧急的事情；不重要但紧急的事情，尽可能组织同事一起做；既不重要也不紧急的事情，尽量不要做。

四、完善社会支持系统

社会支持（Social Support）系统，也称为社会关系网，是20世纪70年代提出的心理学专业词汇，即个人在自己的社会关系网络中所能获得的、来自他人的物质和精神上的帮助和支援。

社会支持系统从性质上可以分为两类：一类为客观的、可见的或实际的支持，包括物质上的直接援助和社会网络、团体关系的存在和参与。前者是指人、财、物或服务的支持；后者是指稳定的社会网络（如家庭、婚姻、朋友、同事等）或不稳定的社会联系（如非正式团体、暂时性的社会交际等）的大小和可获得程度，这类支持独立于个体的感受，是客观存在的现实。另一类是主观的、体验到的情感上的支持，指的是个体在社会中受尊重、被支持、被理解的情感体验和满意程度，与个体的主观感受密切相关。有学者将其分别命名为社会支持的可利用度和自我感觉到的社会关系的适合程度，在进行心理学的科学评定时用以评定一个人社会支持的大小。

人际关系良好、社会交往能力强是心理健康的显著标志。卡耐基曾说过，人际关系在一个人成功的因素中占85%。这充分说明了人际关系的作用。而社会支持正是一种通过良好人际关系表现出来的社会联系。

构建社会支持系统需要注意以下六点：

（1）要有男有女。

（2）要有老有少。

（3）要有亲人还要有朋友。

（4）要有“异己”。

（5）要有绝缘性。

（6）支持系统要经常培育。

社会支持还包括一个很重要的方面，即专家的处理。专家的处理是指个体在无能力解决自己的心理问题时，求助心理专家进行咨询、诊断与治疗的过程。一旦有些问题的解决超过了个人能力限度，尤其是较严重的心理障碍或心理疾病，求助于专家的指导并进行有效的处理和解决是非常必要的。

幼师在有些问题上容易走入误区。由于幼师的角色特征及职业特点，幼师往往无视自己的心理问题，或对自己的心理问题讳疾忌医，这都是不正确的。

幼师要以科学、理智的态度对待心理问题，自己有心理困扰时，主动、积极、及时地到心理咨询机构进行心理咨询或心理治疗。心理治疗能提高幼师的理解力，从而能与幼儿、同事一起相处得更好。杰西德（Jersild）的调查结果表明：在接受了心理治疗的幼师中，有95%能更好地理解幼儿；有89%具备更大心理承受力去接受那些有敌对、愠怒、反叛情绪的幼儿，并能更好地教育他们；有73%提高了走近那些畏缩、难以接近的幼儿的能力。

拓展知识

幼儿心理健康的一般标准

1. 情绪基本上是愉快、稳定的。不经常发怒，不无故摔打玩具；生活起居正常，能按时入睡，睡眠安稳，少梦魇，无吮吸手指或咬物入睡的习惯；基本上能听从成人的合理嘱咐，不过分地挑食、拣穿，不经常无理取闹。

2. 求知欲较强。喜欢提问题并积极寻求解答；学习时或完成任何力所能及的任务时，注意力集中，记忆力正常；爱说话，语言表达能力同年龄相符，无口吃的情况；生活中对力所能及的事，乐于自己做，不过分依赖别人的帮助，能比较认真地完成别人委托的事。

3. 合群。爱与小伙伴交往，对人有同情心和友好行为，不随便打人、骂人，不妒忌同伴；在集体中能愉快地生活，在成人指导下，愿意为集体做力所能及的好事。

4. 诚实。很少说不符合现实的话；不私自拿别人的东西或损坏别人的东西；做错事不隐瞒，肯承认错误。

5. 有自尊心和一定的自信心。对称赞感到高兴，对批评、指责感到羞愧，希望做受人欢迎的事，不愿做遭人责骂的事；不过分地畏难、胆怯等。

思考练习

1. 幼师应如何判断自己的心理健康状态？
2. 出现不良情绪的时候，幼师该如何进行自我调节？

第二章

心理问题的成因

案例引入

王老师和李老师是大学同学，毕业之后一直在同一所幼儿园担任教师。人到中年后，上有老下有小，工作、家庭双重负担较重，但王老师总是能对各种事务应对自如，乐观幽默，经常谈笑风生；而李老师却经常愁眉不展，失眠健忘，郁郁寡欢。

刘老师和江老师都是在30多岁时遭遇婚姻危机。刘老师因此一蹶不振，怨天尤人，自暴自弃；江老师则很快度过了低迷期，重新组建了家庭，并从失败的婚姻中得到了成长，新的婚姻和谐美满。

杨老师担任大班的班主任，她班上的一个小女孩看起来很聪明，但是每次老师进行教学活动时，她都不专心听老师讲话，经常偷偷摆弄玩具、跟旁边小朋友说话，老师稍一批评，她就委屈得哭起来。把家长请来后，妈妈更委屈："我们对这个孩子的教育可精心了。我们是学了优生学之后才要的孩子，胎教、早教、钢琴、舞蹈、绘画、阅读、书法一样都不少。为了给孩子最好的教育，我看了很多成功家教的书。我们把最好的教育方法都用在孩子身上，怎么会这样呢？"

诸如此类的人和事引发了我们的思考：面对相似的境遇，为什么每个人会有不同的应对方式呢？使用同样的教育方法教授知识，为什么不能在每个学生身上都取得相同的效果呢？拥有相似的生活条件，为什么每个人的生活感受和质量不同呢？到底是什么左右着一个人心理的形成和发展？心理问题的根源在哪里？要想维持心理的健康状态，我们需要做些什么，从何做起？这些正是我们接下来要讨论的问题。

学习目标

学习完本章内容后，你将能够：

- 解释生物学因素是如何影响心理健康的；
- 解释心理学因素是如何影响心理健康的；
- 解释工作与社会因素是如何影响心理健康的；
- 解释社会文化因素是如何影响心理健康的。

思维导图

以下是本章内容的整体框架以及学习这部分内容的思维过程规划。此图可以帮助你从整体上了解本章的知识结构和学习路径，包括生物学因素、心理学因素、工作与社会因素以及社会文化因素对心理健康的影响等。请你仔细品读和理解，帮助自己建立对本部分知识的整体印象。

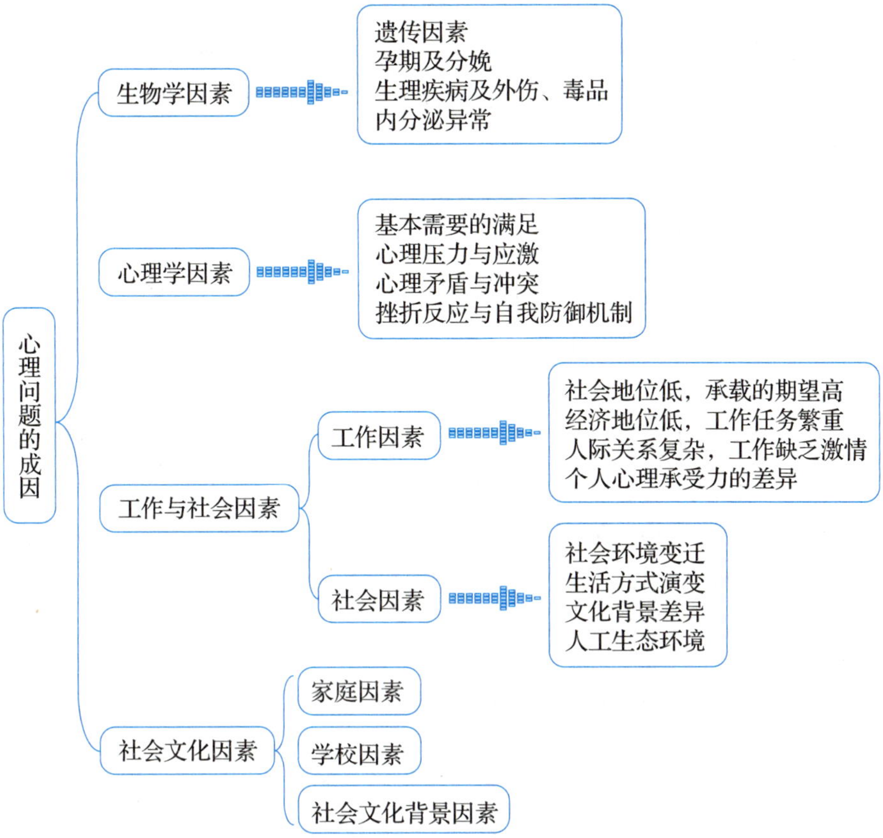

看完上面的思维导图后，你是否已经对本章所要学习的内容以及如何学习这些内容有一个初步的整体印象了呢？接下来，我们在这个整体框架的指引下来逐一学习每个知识点。

知识点 1　生物学因素

学前思考

在学习之前，我们先来思考一下，哪些生物学因素会影响人的心理健康呢？

1. 遗传因素会影响心理健康吗？
2. 怀孕和分娩会影响孩子的心理健康吗？
3. 哪些疾病和药品及不良的生活习惯会损害心理健康？
4. 内分泌异常会影响心理健康吗？

生物—医学模式是当前研究心理健康问题形成和发展的理论模式之一。生物—医学模式关注遗传、解剖生理结构、生化、中毒感染、内分泌等因素对心理健康的影响。这是我们在分析心理问题的成因时首先需要考虑的因素，也是我们在进行心理健康维护时首要关注的因素。

一、遗传因素对心理健康的影响

人一出生就有差异，最初的差异来自遗传基因，先天的神经类型的差异导致人对外界刺激反应的速度、强度和方式有所不同。在心理学上，对家族的追踪调查和对双生子的研究都证实了父母的遗传基因与子女的身心发展密切相关。如多动症、癔症、精神分裂等精神障碍都同遗传因素有密切关系。一项调查表明，精神障碍患者的亲属患有精神障碍的可能性比精神状况正常人的亲属高出 6 倍；北京大学医学部的有关研究表明，精神分裂症患者中，同卵双生子的同病率高达 7.6%（分养）、91.5%（合养），说明此类病因中带有明显的家族遗传色彩。此外，抑郁、焦虑、强迫等心理障碍也与家族病史有关。

二、孕期及分娩对心理健康的影响

人的生命开始于受精卵，人生的第一个阶段是胎儿期。母亲体内的异常变化会间接地传递给胎儿。母亲怀孕时缺乏营养、患病及服用药物、情绪不良都可能对胎儿的大脑及神经系统的发育产生影响，从而影响其心理功能的正常发展。例如，母亲孕期营养不良会导致胎儿智力低下。日本学者用妊娠母鼠做实验，发现把饲料中的蛋白质含量减少 1/10，出生小鼠的体重将减少 23%，脑细胞将减少 20%～30%。再如，母亲孕期情绪不良会使血液中产生一种损伤神经系统的生化物质——卡泰霍洛明，从而导致胎儿神经系统发育畸形。有一项来自德国的研究表明，第二次世界大战前德国新生儿神经系统畸形率为 0.07%，二战时为 2.6%，二战后为 6.5%。可见，新生儿神经系统的致畸率随着战争期间人们心理的焦虑、恐慌程度的增加而升高，长期的、强烈的负面情绪导致孕妇体内的毒素聚集，损伤了胎儿的神经系统。

出生是一个人从寄生状态到独立生存状态的一次重大转折。新生儿的各种组织器官非常稚弱，外界一点微小的刺激都可能造成不可逆转的损伤。母亲分娩异常，如早产、难产、窒息等，都可能导致新生儿脑组织损伤，从而影响其心理功能的正常发展。例如：

王老师班上一个男孩子，长着一双大而明亮的眼睛，活泼、外向、喜欢学习，很招人喜欢，对数字很敏感，但书写经常错字、丢字，被怀疑患有阅读障碍。在调查这个孩子的成长经历时，王老师注意到一个特别的信息，孩子的母亲在分娩时难产，整个产程拖延过久，当时医生怀疑窒息缺氧可能导致孩子大脑某区域功能性损伤，但没有仪器能做出精确的检测。我们只能根据孩子阅读困难来推测，出生时的事件有可能损伤到了孩子的语言中枢。

三、生理疾病和外伤、毒品等对心理健康的影响

一些对脑组织有影响的疾病，如脑炎等会对脑神经组织造成严重伤害，导致出现意识障碍、记忆障碍和幻觉等。脑外伤如脑震荡、脑挫伤、脑裂伤、脑水肿、颅内出血等症状，也可能导致脑功能的损坏。此外，药品、毒品、工业化学物质等造成的中毒，也是影响身心健康的一个重要原因，如过量吸食兴奋剂、麻醉剂、海洛因，铅、砷、汞、磷、一氧化碳中毒等。

目前，最值得我们关注的是环境污染对心理健康发展的影响。环境污染对人体机能的损伤已众所周知，对于由此导致的焦虑、多疑、愤怒、抑郁等心理障碍，人们却往往不予理解，甚至耻笑，反而给受损伤群体造成更大的心理伤害。此外，环境污染对某些心理指标具有负面影响，这些负面情绪对人们造成心理应激，从而影响心理健康。针对应激反应及如何应对应激反应，心理学家们正在进行不断的探索和研究。其他来自环境的污染，如噪声同样对心理有伤害。长期在噪声环境下生活，会出现暴躁、郁闷、焦虑、抑郁等心理问题。

四、内分泌异常对心理健康的影响

张老师脾气火爆，很容易被激怒，学生、同事都认为他是个没有修养的人，对他敬而远之。张老师自己也很苦恼，生气时控制不住自己，发完脾气伤了人就后悔。后来，张老师到医院的内分泌科检查，发现自己患有甲状腺功能亢进症（简称甲亢），要通过治疗才能使症状缓解。

人体有些重要的内分泌腺体（如脑垂体、甲状腺、肾上腺、性腺等）分泌失调，也会引起一些心理功能的异常。如甲状腺素缺少会导致智力迟钝、记忆减退、语言迟缓、情绪淡薄等心理障碍，而分泌量过多则会导致神经过敏、情绪易激动等症状。

通过本知识点的学习，我们可以得到以下几点启示：

（1）一个身心健康的个体的形成是从遗传开始的。人生的第一个阶段是胎儿时期，心理的保健由此开始。孕妇生活在安全、舒适、少污染的环境中，摄取充足、均衡的营养，经常保持愉悦、平稳的情绪，是胎儿心理保健的关键。预防重大疾病和创伤、远离污染源和毒品、关注自己的身体包括内分泌的异常状况，可以减少心理异常状况的出现。

（2）当我们发现自己和他人出现心理异常时，查找原因很重要，首先要从生物医学的角度查找原因。若是遗传的原因，最好的方式是接纳，而不必强求根治。若确定生理病变是导致心理异常的主要因素，应先治疗生理疾病。

（3）未婚青年若想后代心理健康，在选择结婚对象时要考察对方的家族病史。正打算怀孕的夫妻，要把环境污染的因素考虑在内。

知识点 2　心理学因素

学前思考

在学习之前，我们先来思考以下几个问题：

1. 你的情绪变化会改变已经发生的事情的结果吗？

2. 当你感到压力很大的时候，通常是更喜欢找人倾诉、运动锻炼，还是独自一人发呆？

3. 是不是当你心情很不好的时候，会更加容易生病，而且全身都没有力气，而当你心情很好的时候，会觉得一身轻松，连眼睛都变得明亮了？

有一位研究人类幸福的学者韦兰特，曾用这样一个故事说明什么是乐观的心态：一位父亲在圣诞节前夜分别把一块金表和一团马粪装进了两个孩子的袜子。第二天早上，一个孩子拿着金表来找父亲，愁眉苦脸地说："爸爸，我不知道该拿这块表怎么办，它太脆弱了，很容易坏。"另一个孩子则兴奋地说："爸爸！爸爸！圣诞老人送给我一匹小马，能找到它藏在哪里就好了！"或许健康的心态不完全取决于人生中有什么样的遭遇，重要的是如何看待和应对这些遭遇。事实上，人们经历的生活事件在很大程度上具有相似性，人人都会面临压力、痛苦、冲突和危机，而每个人的应对方式和对于人生的体验、领悟却千差万别。因此，心理健康的实质是心理功能状态的好坏，而决定心理功能状态的根本因素在于心理活动的内部机制。所以，影响人们心理健康水平的最根本原因是各项心理素质的发展水平和内部机制的完善程度。

一、基本需要的满足

需要是个体行为产生的原动力，是行为动机形成的基础。人的一切活动都建立在某种需要的基础上，受需要发展水平的影响。人的需要有很多种，目前，被较多人使用的需要分类是人本主义心理学家马斯洛的观点，他将需要分为五个层次，如图 2－1 所示。

马斯洛认为，越是底层的需要，与生存的关系越密切，越是高层的需要，越难以满足；低层次的需要个体差别较小，高层次的需要个体差异较大；低层次的需要获得适当的满足后，才能进一步寻求较高层次需要的满足。

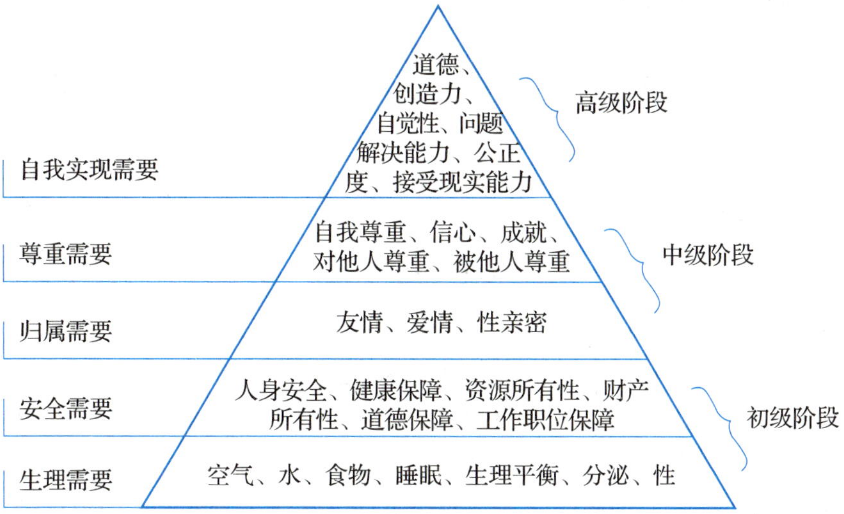

图 2-1　马斯洛需要层次理论

合理需要的适当满足是心理健康发展的重要条件，特别是安全、归属（或亲和）、尊重（自尊）等需要的满足，更是心理健康发展的必要条件。如果需要满足不充分，可能导致动机缺乏、情绪失控、反应异常等问题。个人生存最基本的需求是生理需要，睡眠和营养又是其中最基本的需要。如果基本需要被剥夺，最终会导致机体的消亡。被延迟满足个体会紧张不安，持续的不满足会使个体出现心理异常。例如，摄取食物是我们生存所必需的，营养需求若得不到满足，就会引起紧张不安，而蛋白质、维生素或矿物质摄入不足会引发情绪波动、疲倦、焦虑甚至思维混乱等反应；营养的长期缺乏有可能导致身心疾病。再如，睡眠几乎占用了我们生命的三分之一的时间，每个人需要的睡眠时间有差异，多数人为 5～9 小时。心理学实验研究证明：人若长期缺乏充足的睡眠，会出现易疲劳、注意力分散、记忆力下降、学习和工作效率降低、脾气暴躁、抑郁等现象，严重的可能出现幻觉。

拓展知识

需要延迟满足的体验

心理学家把一些 4 岁左右的孩子带到一间陈设简陋的房子里，然后给他们每人一块非常好吃的软糖，同时告诉他们，如果马上吃软糖，只能吃一块；如果 20 分钟后再吃，将再奖励一块软糖，也就是说，总共可以吃到两块软糖。有的孩子急不可待，马上把糖吃掉了；而有的孩子则耐住性子，闭上眼睛或头枕双臂做睡觉状，也有的孩子用自言自语或唱歌来转移注意力消磨时间以克制自己的欲望，最终获得了第二块糖。心理学家继续跟踪研究参加这个实验的孩子们，一直到他们高中毕业。跟踪研究的结果显示：那些能等待并最后吃到两块软糖的孩子，在青少年时期仍能等待机遇而不急于求成，他们具有为了更远大的目标而暂时牺牲眼前利益的能力，即自控能力。而那些急不可待只吃到一块软糖的孩子，在青少年时期则表现得比较固执、虚荣或优柔寡断，当欲望产生的时候，无法控制自己，一定要马上满足欲望，否则就无法静下心来继续做后面的事情。换句话说，能等待的那些孩子的成功率高于那些不能等待的孩子。

二、心理压力与应激

心理学意义上的压力，表示一种使人感到紧张、焦虑并产生应激反应的心理状态和那些引起上述感受的事件。换句话说，因外部环境的影响而导致的那种紧张、焦虑感以及在此基础上所产生的应激反应状态就是通常所说的心理压力。

心理压力的存在在个体发展过程中几乎是一种不可避免的普遍现象。从其本质上看，心理压力的产生是内外环境不协调的结果或表现，是外部要求或期望水平超过现有能力时的一种心理感受。在多数情况下，这种压力可以成为个体发展的动力。但是，当压力过大或个体适应能力偏低时，压力也会导致心理障碍或心理疾病。

心理压力的来源大致可以分为外部和内部两类。外部压力主要来自工作环境、生活条件的突然变化，人际交往中的矛盾冲突和各种意外打击与挫折等。比如，退休、离职、失业、下岗，亲友生病，亲人故去，经济拮据，生活困难，遭遇地震、车祸、火灾、失窃等天灾人祸，受到领导不公正的对待，从事不喜欢的工作，工作上付出很多但收获很少或付出与回报不成比例，在竞争中处于不利地位，受到别人侮辱、自尊心受到伤害等。

内部压力主要来自过高的自我期待、过强的心理冲突和不健全的个性特征等。如给自己定了不切实际的目标，过强的责任感、进取心，追求完美的理想主义倾向，幼师职业的社会地位与经济地位的不一致导致的认知冲突与动机冲突，人格缺陷或自我调节能力偏低导致的焦虑倾向、抑郁倾向等。

一般情况下，人们在感受到心理压力时，都会产生一些与平时不同的身心反应。比如在感到紧张、焦虑的同时，还会出现心跳加快、血压升高、反应速度加快、活动效率提高等表现，这就是所谓的“应激反应”。应激反应的产生是一种典型的心理-生理现象。紧张情绪出现的同时，大脑中的情绪中枢处于兴奋状态，随即向内分泌系统发出指令，使肾上腺分泌出大量的肾上腺素，刺激血压升高、心跳加快，同时使肝脏分泌出大量的糖供给血液，给大脑和肌肉输送更多的能量，从而使人的反应更加机敏、更有力量。由于在应激状态下人能够在很短的时间内充分调动自身的全部潜能，所以常常会表现出一种超乎寻常的力量。在应激反应下，人们确实能有一些超常的表现，但这都只是短暂的，不可能持续很长时间。因为这种超常的表现实际上是动用了大量的人体储备能量的结果，而这种储备能量的消耗是很难补充的。每次动用储备能量都是对身心潜能的极大消耗，经常动用潜在能量，会降低人对应激源的抵抗能力，加速人的衰老过程。如果在应激过程中出现了整合功能减弱、适应水平下降，甚至发展到心理崩溃的程度，那就是发生了代偿失调现象。

三、心理矛盾与冲突

心理矛盾与冲突是常有的，一般不会造成心理问题。应对矛盾冲突的过程也是一个人积累经验、不断成长的过程。但是一旦冲突过于激烈，长时间得不到缓解，就可能成为心理问题的诱因。常见的心理冲突有四种。

（一）认知冲突

认知冲突主要是由看问题的角度、观点、价值观和思维方式方面的差异导致的内心冲突。例如，目前，老师在给学生留作业时会出现认知冲突：从家长和学校的角度来看，他们希望学生成绩优异，有好的前程，多留作业，熟练掌握所学知识，成绩才会提高；从社会的角度来看，竞争愈发激烈，没有过硬的能力和学历，很难出类拔萃，在应试教育的大背景下，靠学业成绩打拼是最公平的，要出成绩，就要全力拼搏；从学生的角度来看，各学科的作业几乎占据了所有的时间和精力，难得休息、玩耍、发展个人兴趣，更难有童年的乐趣，沉重的学业负担压抑了个性，压垮了身体，自信心被损耗，求知欲被厌学情绪遮掩。

（二）情感冲突

情感冲突是同时存在不同性质的情感而导致的冲突。例如，因为孩子学习成绩差而责骂孩子的家长，一方面深爱自己的孩子，但另一方面又“恨铁不成钢”，爱恨交加，到了极致就会失去理智，不计后果。亲子关系和师生关系中常常会有这种复杂情感。

（三）知情冲突

知情冲突即认知与情感的冲突。人们常说：“我知道应该怎么样，但我不愿意这样。”“我理应好好学习，但我一学习就厌烦。”“我应该对学生一视同仁，爱每个孩子，但我就是不喜欢班里的差生。”这就是典型的知情冲突。

（四）动机冲突

人有多种需求和行动目标，当时间、精力等多种条件限制下，必须取舍时，就会出现动机冲突。常见的动机冲突有双趋式冲突、双避式冲突和趋避式冲突。“这个周末的晚上我既想同朋友去郊外度假村，又想留在家里陪伴年迈的父母”，这是双趋式冲突。孩子生病、发烧，需要立即吃药或打针，但他既不愿吃药也不想打针，这是双避式冲突。趋避式冲突是当同一事物对人既有吸引力又有排斥力时产生的，如“我想和妈妈亲近，但又烦她数落我，想远离她”“我既喜欢当老师，又感觉工作压力太大，难以承受”。

许多心理障碍就是因为这些心理矛盾冲突产生后没能得到及时有效的解决而产生的。如患有社交恐惧症的人通常强烈希望自己在社交场合能表现得完美，给别人留下好印象、得到他人喜欢，但又自惭形秽、退缩、胆怯。一个人认为自己应该成功、必须成功，但实际上又担心自己的能力不足，不愿吃苦，长此以往，可能出现心理上的症状，如强迫症。此外，人格障碍也与动机冲突有关。

四、挫折反应与自我防御机制

各种干扰和影响使得目标不能实现、需要不能满足的情境叫作挫折情境，人们遭受挫折后所产生的消极情绪体验叫作挫折感，也叫心理挫折。心理挫折是需求得不到满足的结果，是导致心理压力、引起消极情绪体验的重要原因之一。同样的挫折可能引起不同的反应，从效果上看，有积极和消极之分。积极的反应包括继续努力、调整期望值、改变目标、升华行为等；消极的反应包括攻击行为、退化行为、退缩行为、固执行为。遭受挫折后，人有一种本能的自我保护性反应，即借助自我防卫机制来使自己恢复心理平衡，短时期内减轻心理压力，从而达到自我保护的目的。

拓展知识

精神分析学派自我防卫的观点

心理防卫是人们遭遇挫折时，为避免情绪上的太大困扰，尽快恢复内心平衡而选择的一种较容易的途径，通常在潜意识中进行，不易被觉察。我们可能多多少少用过这样的方式做自我保护。了解常见的心理防卫方式有助于从新的视角理解自己和他人的言行。

(1) 否认，对不愉快的事加以否定，这是对挫折情境采取的一种“鸵鸟政策”，以获取心理上的暂时满足。如拒绝承认得了绝症或亲人去世，以逃避巨大的伤痛。

(2) 合理化，犯了错误会寻找各种理由和借口来减轻自己的心理压力。比如父母严厉地打骂孩子，会说：“打是疼，骂是爱。”幼师不恰当地惩罚学生以至于给学生造成身心损伤，为了减轻内疚感，会为自己辩解：“我是为了他好。”

(3) 投射，这是将引起压力和冲突的焦虑感以及深层的需求与动机转嫁到其他人身上以减轻自身压力的方式。如一个自私的人通常会指责身边的人太自私；一个经常指责、批评学生的家长或幼师通常是对自身不满的人。

(4) 转移，当被强势的人激怒或欺负时，不能直接发泄内心的愤怒，可能会把情绪指向弱势群体。如一个被老师或家长训斥的幼儿可能去欺负同学；被园长批评了的老师会把不满情绪发泄在幼儿身上。

(5) 酸葡萄心理，当目标难以实现时，为了降低自己的挫败感而贬低目标。如一个幼师多年努力仍未评上职称，自我安慰道：“职称越高，做事越多，压力越大，工资却长不了多少，有什么好的。”

（6）甜柠檬心理，当发生不如意的事情时，为了减少失望，刻意美化结局，试图说服自己：凡是自己所有的都是美好的。还是以职称总也评不上的老师为例，接下来他可能会说："上不去也好，可以少干些事，落得个清闲自在。"

（7）幻想，这是通过想象的方式来暂时满足一下自己在现实中无法满足的某些需要的调节方式。如贫穷的人常会幻想自己发财，劳累的人会幻想自己清闲。

（8）仿同，通过模仿某些人或东西的特征来肯定自己，使别人关注自己。如学生中的追星族，把自己装扮成喜欢的演员或歌手的样子；年轻幼师不自觉地会模仿某位敬佩的有经验的幼师的讲课方式。

（9）倒退，在某些情境下，为了避免失望和挫折，成年人仍以儿童的方式处理问题。如张老师小时候被家长管教过严，期望过高，致使她在长辈或权威人物面前无主见、易恐慌，成年后担任幼师，她在幼儿和同事面前自信、受欢迎，在校长面前却手足无措，像个不谙世事的小姑娘。

（10）升华，将满足本能需求的内驱力或心理能量转移到对自己、他人和社会有益的事情上。如一个人工作失意、婚姻破裂，便把心理能力投放到文学创作上；喜欢美食的王老师，为防止自己多吃发胖，就把对食物的偏好转移到研究营养保健配餐、编写家庭保健食谱上。

此外还有潜抑、反向作用、分裂等，都是基本的自我防卫方式。这些防卫机制的功能主要是减轻心理压力，从而起到一种自我保护的作用，对于目标的实现基本上起不了实际的作用，多数是用消极的方式来逃避问题，处理不当还可能导致各种神经症。

知识点3　工作与社会因素

学前思考

在学习之前，我们先来思考以下几个问题：

1. 幼儿园里哪些因素会影响幼师的心理健康？
2. 当前的社会环境中哪些因素会影响幼师的心理健康？
3. 幼师容易面临什么样的压力？

一、影响幼儿教师心理健康的工作因素

（一）社会地位低，承载的期望高

大多数人对社会支持都有一种强烈的需要，因此，任何使人感到遭受社会拒绝

的事件都可能是压力的来源。而且，缺乏自信心的人会比其他人更容易感受到威胁，较容易出现心理问题。同时，公众对于幼师职业普遍缺乏正确的认识，有些人根本无法理解幼师这一职业，他们认为当幼师很容易，付出很少却得到很多……殊不知幼师每天都有很多工作要做，他们既要关注幼儿的餐饮与安全，又要负责对幼儿进行知识、技能、规范的教育与指导；既要考虑班级内部环境的创设，又要及时处理幼儿在活动中出现的各种问题；既要了解每个幼儿的特点，又要按照本班幼儿的具体情况准备教学工作计划，而且要门门精通，样样拿得出手。但是，幼师干得再好在别人眼里也只不过是“孩子王”，顶多也就当个园长，况且园长只能有一个，不是谁都可以当的。现代家庭中，孩子都是家长关注的中心，幼师承载了家庭对幼儿园的希望，同时教育改革也不断对幼师职业提出新的要求和期望，使幼师不断面临新的挑战。这些要求和期望给幼师造成的压力越来越大，有的甚至导致心理问题和心理疾病。

（二）经济地位低，工作任务繁重

即使在经济发达的地区和城市，幼师经济地位也处于较低的位置，且工作任务繁重，责任又大。“高投入、低回报”的现状使得幼师缺乏社会认同感。在市场经济中，这对幼师是一个很大的心理冲击。幼师每天都有很多工作要做。案头工作挤占了幼师许多休息时间，是导致幼师工作时间长、工作负担重的最直接的原因。据统计，平均每位幼师每个学期的案头工作达 17 种之多，主要包括教案、个案、摘抄、计划、观察记录、教养随笔、会议记录、科研、工作总结、家园联系、报告请示、演讲稿、各种教具等。这些工作占据了他们学习新知识的时间和自由创作的空间。据了解，幼师平均每周投入案头工作的时间都在 10 小时以上，且有 58.25%的幼师经常在家做幼儿园的工作。有的幼儿园还频频开课、比赛，幼师需要花费大量的时间和精力准备。因此，幼师很少有真正属于自己的时间，长期生活在紧张的状态中，精神压力越来越大。

（三）人际关系复杂，工作缺乏激情

幼师不仅要帮助幼儿处理好同伴关系，还要处理好幼师与幼儿的关系、幼师之间的关系，以及幼师与家长的关系。在幼儿园里，幼师每天要面对几十个孩子，他们有的精灵古怪，有的蛮横霸道，有的攻击性强。而在父母眼中，自己的孩子总是最棒的。他们认为自己孩子犯点错误也是难免的，孩子调皮，是一种可爱。但如果孩子在幼儿园被其他幼儿抓破点皮、吃点亏，他们就会非常心疼，要为孩子讨公道。如果幼师处理稍有不妥，有的家长就可能到处告状，给幼师带来了很大的精神压力。

工作中适当的男女比例有利于提高工作的积极性，但目前，99%的幼师都是女性，性别过于单一，使幼师工作缺乏激情。同时，女性一般比较敏感，给幼儿教师带来了无形的心理压力。

（四）个人心理承受力的差异

个人的性格、气质等心理特征不同，心理承受力也不一样。心理承受力反映了一个人控制自己情绪、承受外界压力、把握心理平衡的能力，可分为四个等级：情绪感知能力、自我情绪调控能力、调控他人情绪的能力和运用情绪的能力。一般来说，情绪调控水平高的人，心理健康的水平也比较高。其实，自信与自卑感、压力与困惑等心理感受，是每一位幼师都会遇到的心理现象。但是，这些心理感受又会因人而异。乐观向上的人一般能“看得开，放得下”，当然，“看开”不是“看破”，而是看出人生的意义，知道“平淡踏实，愿居人下”是平凡人生的真正价值。那些性格内向，不愿与人交流的幼师，内心的焦虑、孤独等负面情绪难以排遣，容易形成职业压力。长期处于这种亚健康状态的幼师，常常表现出急躁、紧张、不安等情绪。

二、影响幼儿教师心理健康的社会因素

（一）社会环境的变迁

社会环境的变迁包括地理环境的变迁和社会文化的变迁。在现代社会，人口迁移是十分常见的现象，但同时也带来了很多影响人的心理健康的因素。而现代化、都市化等社会文化变迁与心理健康的关系也极为密切，影响着社会生活的各个成员。

（二）生活方式的演变

幼师在一生中会按照家庭、学校、社会的要求不断调整自己的生活方式。家庭的温暖与约束、求学的艰辛与快乐、事业的成就与失败，人情冷暖、生离死别，下岗失业、晋升获奖，家人间的纠纷、人际交往的困惑，无一不会对个体的心理健康产生影响。

（三）文化背景的差异

文化背景的差异导致人的生活态度迥异，并且影响某些心理行为障碍及临床症状的表现。调查研究发现：发展中国家的人常伴有情绪障碍躯体化趋势；有的地域的精神病患者多把病态向外界投射，倾向于攻击他人，有的地域的精神病患者则症状内转，易自责自罪、忧郁自伤。

（四）人工生态环境

人工生态环境与心理健康的关系极为密切，它主要包括以下几个方面。

1. 人口密度

人口的增长和社会的不断城市化，导致人口密度越来越大，个人生存和生活的空间越来越拥挤，使人在心理上产生“超负荷”状态，有的人会以消极的方式来反抗环境，如攻击性增强、人际关系冷淡等。

2. 环境污染

随着科技和经济的发展，城市高楼林立，高科技产品已渗透人们的生活，由此带来的噪声污染、水质污染、空气污染、光波污染、电磁波辐射等环境污染都可直接或间接地损害人的身心健康。

3. 天气状况

环境污染和人为破坏导致的雾霾、沙尘暴等恶劣天气，已使人们越来越深刻地感受到了大自然的“报复”与“惩罚”，并不可避免地损害人的身心健康。

知识点 4　社会文化因素

学前思考

在学习之前，我们先来思考以下几个问题：

1. 家庭环境会给我们的心理健康带来什么样的影响？
2. 校园环境会给我们的心理健康带来什么样的影响？
3. 现在我们生活的社会文化背景会给我们的心理健康带来什么样的影响？

在承认遗传所导致的先天差异的前提下，社会文化的视角更加关注后天生存环境对一个人身心发展的影响，小到家庭中的微妙关系，大到社会文化背景的熏染，都可能与心理的发展相关。在众多复杂的社会文化因素中，我们筛选出家庭、学校和社会文化背景三大因素来讨论。

一、影响心理健康的家庭因素

人最初的成长环境是家庭。成年人的多数心理问题，如缺乏安全感、过低的自我价值感、焦虑、抑郁、人际交往攻击或退缩等，都或多或少能追踪到原生家庭的问题。夫妻双方原生家庭的问题又将带入到他们共同组建的新的家庭中，继续作用于他们的下一代。家庭治疗的创始人之一维吉尼亚·萨提亚在她的经典著作《新家庭如何塑造人》的绪论部分提道：“在多年的工作中我接触了几千个家庭，现在我仍然存在着大量的困惑。我从工作中学习到很多东西，这种学习为我的发现提供了新的可能和新的方向。现在我清楚，家庭是世界的微缩。研究家庭就可以了解世界；家庭中的问题，例如权利、亲密、自助、信任、沟通技巧等，是奠定我们如何在世界上生存的重要部分。改变家庭即是改变世界。”

家庭是一个复杂的系统，成员的构成、彼此之间的关系、家庭的经济状况、所属阶层、社会关系、所属社区等因素都会对家庭成员产生影响。从一个人心理发展的角度来讲，其中最为重要的因素是家庭结构和家庭教养方式。

（一）家庭结构对心理健康的影响

家庭结构是指家庭的人员构成及相互间的关系。家庭的自然结构可以划分为多种类型，常见的类型如核心家庭、复合家庭、单亲家庭、留守家庭、空巢家庭、再婚家庭等。目前，占比最大的是核心家庭。近几年，我国家庭呈现出家庭规模小型化、家庭结构核心化的趋势。不同类型的家庭组合对每个成员的心理会产生不同的影响。

核心家庭是指夫妻及其子女组成的家庭。这类家庭人际关系较简单，排序不同的多个子女会出现不同的个性差异，通常，排行老大的更守规矩、理性、有责任心；排行中间的更独立、有主见、较开放；最小的子女通常更娇惯、更任性。近些年，独生子女核心家庭的比例较高。这类家庭有利于心理发展的因素是：父母的教育观念、方法容易达成一致；孩子独处机会较多；孩子与父母的交流机会较多；孩子更易于规范化的管理。不利因素是：父母忙于工作，孩子的依恋需要易被忽视；家庭生活节奏较快，孩子人际交往的机会较少；即使是一个民主的家庭，年龄、身份、角色的差异在父母与孩子之间也始终是存在的，两个家长对一个孩子，是一种家庭角色失衡的状态，孩子缺少同辈的同伴，会产生孤立感；假若是专制加暴力或是忽视教育的家庭，孩子受到的伤害会更大。

复合家庭的特点是成员的成分和人际关系复杂，生活在其中会有较多的交流机会，来自各种社会层面及年龄的信息广泛，彼此之间能得到更多的关照，孩子对亲情的依恋容易得到满足，这是有利于心理发展的一面。但这种类型的家庭隔代抚养较为普遍。一项调查显示，全国有69%的家庭采用隔代抚养的方式。老人和年轻父母之间教养观念和方式的矛盾容易导致对孩子不一致的态度，孩子生活在两代人给出的“双重标准”下，无所适从。这样会导致孩子缺乏行为准则和生活准则，决策能力、社会适应能力较差。隔代的溺爱、过度保护，加之年轻父母因忙于工作或不愿承担父母的职责，疏于与孩了的情感交流和管理，极易出现亲子关系障碍，尤其到了孩子的青春期，家长对孩子失控的较多。近年来多项调查研究表明，依赖隔代抚养的孩子，更易养成任性、自私、为所欲为的性格，长大后自我情绪控制与管理能力较差，并会产生各种各样的心理问题。

减少隔代抚养的负面作用的最好做法是父母亲自抚养孩子。不得不请人帮忙时，切记工作再忙，也不要把孩子完全托付给老人或保姆，他们只能是临时代管。抚养孩子是父母的天职。孩子出生后的前三年是与父母形成安全依恋关系的关键期，而依恋是人的安全感和基本信任感建立的基础，良好的基础奠定之后，孩子以后的人格发展、人际关系的拓展，尤其是亲子关系的发展就有了坚固的基石，孩子也就获得了“对外探索的安全基地”。一旦遭遇危机事件，安全型依恋是终生有效的。

单亲家庭是指离异、病故或其他原因导致子女与父亲或母亲单方生活在一起的家庭形式。随着离婚率的攀升，单亲家庭的比率也在逐渐升高。这种自然结构不完整的家庭可能在孩子的成长中造成其心理情感的缺失。在完整的家庭中，妻子与丈夫是分工协作的，母亲与父亲各尽所能。父亲是理性的代表，规范、严格要求是父亲的长项，母亲则更感性，慈爱、关照安抚是她的特长，二者都是一个人心理健康成长所必需的。除了功能上有所缺失，单亲家庭的孩子还可能承受更多的压力。在我们的文化背景下，人们对离婚的接纳程度不高，习惯于把单亲家庭与问题家庭等同起来。因而有关研究显示，家庭的残缺是成长的障碍，甚至会导致未成年人脱离正向的成长轨迹。我国学者钱曼君调查了 70 名少年犯，来自单亲家庭的比率是 35%；日本一项调查显示，50%以上的少年犯来自单亲家庭。此外，早期遭遇的家庭破损还有可能在孩子未来的婚姻家庭生活中投下阴影。

（二）家庭教养方式对心理健康的影响

家庭教养方式对心理发展的影响至关重要。教养方式包括父母对孩子的态度、抚养和教育的方式方法等综合因素。为了研究的便利，可以把教养方式分为多种类型。我国常用的分类是专制（权威）型、民主型、放任型。也可以表达为拒绝型、严厉型、溺爱型、期待型、矛盾型、分歧型。我国台湾学者的《社区青少年教育》一书在分析青少年犯罪原因时，将父母管教方式分为放任型、溺爱型、严格型、民主型、分歧型。美国心理学家塞伯提出对孩子心理健康不利的态度是对孩子情绪的抵制、对孩子的控制、对孩子的顺从、对孩子的过度保护及期望过高。

不同的家庭教养方式会对孩子的心理产生不同的影响：

（1）专制型。专制型的父母在家里操纵着子女的一切，用权力和强制性的训练使孩子听话，享有无上的权威。这种类型的父母对子女要求过分严厉，有过高的期望，缺少宽容，有太多的限制、过分的不允许，教育子女的语言和方法简单，态度生硬。这种教养方式下的孩子经常处于被动、压抑状态，缺乏自制能力，往往会形成两种截然不同的个性：一种表现为顺从、懦弱、缺乏自信和自尊、孤独、性格压抑、自卑，遇事唯唯诺诺，缺乏独立判断和处理的能力；另一种表现为逆反心理强、冷酷无情、有暴力行为。

（2）民主型。民主型父母给孩子自由发展的空间，平等地对待、尊重和信任孩子，能与孩子相互沟通，交流各自的看法，鼓励孩子上进，孩子可以按照自己的爱好和兴趣发展，父母也为孩子的发展提出建议，理性地指导孩子成长，对其缺点和错误能恰如其分地批评指正，以提高孩子的认知能力。父母遇事总是先给孩子讲道理，从不打骂。即使有时候父母错了，也会真诚地给孩子道歉。在温暖、民主、宽松的家庭中成长，孩子的个性得到充分发展，也容易产生发挥自身潜能的动力，在学习上表现出的主动性也较强。

（3）放任型。放任型父母对孩子既缺乏爱的情感和积极反应，又缺少行为的要求和控制，亲子间交往甚少，父母对孩子缺乏基本的关注与了解，对孩子的一切行为举止采取不加干涉的态度，给孩子一种被忽视的感觉。这样的父母认同“树大自然直”的观念，对孩子采取漠不关心、放任自流的教养方式。这种现象多见于工作繁忙、交际应酬多、业余时间少的父母，他们一心扑在自己的工作或学习上，很少与孩子交流沟通，忽视孩子的内心世界和需要。对孩子的行为与学习既不感兴趣也不关心，很少去管孩子。在这种环境下成长起来的孩子往往缺乏责任心，行为放纵，容易养成不良的个性与生活态度，并因此影响学业。

在这方面还有一点值得我们关注，即一个人幼年时候被抚养的方式可能会对其人格的发展产生深远影响，尤其是母爱被剥夺或被部分剥夺、未能形成安全依恋对心理健康极为不利。如英国心理学家鲍尔比 1951 年出版的《母性的照顾与心理健康》中提出：儿童生活的前三年被迫与母亲长时间地分离，会在儿童的人格发展方面留下独特的痕迹；他还提出“非情感性活动的综合征”，认为一些儿童的过失如情绪障碍、说谎等与早期同母亲长期分离、缺乏充分的母爱、母爱形象反复多变有关。在心理咨询机构接待的来访者中，有相似问题的青少年，如人际交往退缩或攻击、自卑、网络成瘾、厌学，尤其是亲子冲突、情绪障碍和人格障碍等，追溯其成长过程，多数都有父母忙于工作或其他事情，幼年时较长时间被托管、寄养的经历。

二、影响心理健康的学校因素

一般来说，一个人 6 岁进入小学，用 12 年时间接受基础教育，4 年时间接受高等教育，这 16 年的时间是学习的最佳期也是成长的关键期，若算上学前教育阶段和研究生阶段，在校时间可能达到 24 年。在学校中，教师是影响学生心理发展的主导因素，教师的心理健康水平、教育态度和方式方法、师生关系是首要因素，其次是班级的管理、同伴关系，再次是学校的风气、环境等。在这里，我们只讨论教师的心理健康水平、教育态度和沟通方式对心理健康的影响。

首先，教师的心理健康水平是直接影响学生心理健康的因素。一个心理健康的教师本身就是学生的参照，他的示范就是最好的教育。而教师的心理问题也像病菌一样，会在学生中传染、蔓延。美国全国教育联合会在《各级学校的健康问题报告》里专门指出：“由于情绪不稳定的教师对于儿童的决定性影响，因而不应该让他们留在学校里面。一个情绪不能自控、严重忧郁、带有极度的偏见、凶恶不容人、习惯于讽刺或谩骂的教师，其对于儿童心理健康的威胁，犹如危险传染病对儿童身体健康的威胁一样严重。”

其次是教师对待学生的态度和沟通方式。教师对学生关爱、尊重、信任、爱护、热情、耐心、宽容的态度有利于学生的心理健康，而忽视、鄙视、责难、冷漠、粗暴、苛求的态度则可能造成学生的心理问题。

美国心理学家普雷斯科特总结了有损学生心理健康的教师所具有的特征：(1) 缺乏人类发展的知识；(2) 混淆事实与谣言；(3) 轻易做出决定；(4) 忽视变化的

情绪；（5）以情绪代替理智处理问题；（6）主观的判断；（7）投射自己的不良情绪。

三、影响心理健康的社会文化背景因素

社会文化是一个人生活的大背景，众多的因素交互作用，置身其中，或多或少会受到牵连、熏染。例如近些年的社会竞争加剧、贫富差距拉大、社会变革频繁、生活节奏加快、不稳定因素增多、生活压力增大，这些都会给人们带来沉重的精神压力，使人们挫折感增多，不平衡心态愈发普遍，人与人之间的信任感、安全感降低。以前，我们用经济增长的指数、公众物质生活条件的改善来衡量社会的发展，现在又加上了生活满意度、幸福指数。

一个国家的文化背景与意识形态也会影响个人的心理发展。在美国，患精神分裂症和忧郁症的比例较高，而在印度、埃及，则是癔症患者比例较高，而患抑郁症比例较低。在我国，精神分裂症、情感性精神病、神经症等心理疾病在文化程度较高的人群中发病率较高。我国学者上官子木在《心理疾患的社会文化根源》一文中提出，中国传统文化指导下的早期社会化训练的求同性、自抑性、依赖性、忍让性容易导致强迫症、抑郁症、焦虑症和社交恐惧症等神经症倾向。

目前，大众传媒对青少年心理发展的影响也非常值得关注。社会生活中各种传播信息的手段和途径，如报纸、杂志、图书、电视、收音机、网络等媒体已深入人们的日常生活，占据了人们越来越多的时间和精力，最容易受其影响的群体就是年轻一代。特别是20世纪90年代以来，“多媒体电子文化”培育的年轻一代正逐渐成长起来，他们接受、分析信息与问题的方式正在发生根本性的变化。当代青少年比以往任何一代青少年都更充分地享受了大众传媒的资源，其成长也更多地受到了大众传媒的影响。社会学家、教育学家已将大众传媒列为除家庭、学校、同龄群体以外的影响青少年社会化的重要因素。传播学者指出，在可塑性最强的青少年时期，大众传媒为他们提供了一幅现实世界的图景和各种人生理想的模型。因此，从某种程度上来说，青少年关于当前社会现实的概念和信仰是在大众传媒的影响下建立的，只不过这种影响因个人的差异而有所不同而已。《中国互联网络发展状况统计报告》显示，截至2020年12月，中国网民规模已达到9.89亿人，随之而来的网络过度使用现象也逐渐受到社会关注，尤其是青少年过度使用网络的问题。根据中国青少年网络协会发布的《中国青少年网瘾数据报告》，我国网瘾青少年约占青少年网民总数的13.2%。网络成瘾被界定为精神行为障碍，由此导致的失学、家庭暴力、犯罪现象越来越受到关注。

此外，我们居住的社区环境对心理健康也有一定的影响，例如住宅小区的人口密度、绿化程度等。城市建设中的“非人格化”倾向会对人们的心理发展造成诸多不良的影响，如过多的高层建筑、单调的色彩、空气污染、白色垃圾、噪声等。人口密度过大、居住环境过差、交通不便、过于拥挤等因素，也会影响人们的情绪和

人际关系，单元房结构减少了人们交流的机会，紧张的生活节奏和不良的生活习惯都会使人们的身心健康受到威胁。这些因素可能导致容易疲乏、烦躁不安、注意力不集中等现象。

思考练习

1. 有人说：“现代社会人们的生活条件虽然好了，心理压力却加大了，因此，心理问题也越来越多了。”你同意这种看法吗？为什么？

2. 试从社会变迁的角度和需要层次提升的角度对影响心理健康的因素展开讨论。

第三章

幼儿教师常见的心理问题及对策

案例引入

案例 1

李老师在幼教岗位上已工作了十余年。李老师班里的A和B是邻居。一次在晚离园时，B的家长看到A后，与其打了招呼，A就和B的家长一起走了。李老师也没有在意，以为是A的家长将A接走了。一刻钟后，A的家长来接孩子，当老师告知孩子被接走后，A的家长立刻联系家里人，发现孩子没有回家，A的家长和李老师都慌了，园里立刻派了三组老师出去找孩子。资料室老师调出监控看到A跟B的家长走了后，立刻联系了园长和B的家长。虚惊一场后，李老师每逢晚离园的环节时都非常紧张，为了避免有孩子走失，李老师采取了制作接送卡、手递手交接孩子等多项措施，但是她总是觉得不安全，有时在孩子走后，总觉得把孩子给错家长了，不停地给家长打电话确认。开始家长还理解，后来家长们都觉得成了一种困扰，就向园领导反映情况。领导为李老师安排了心理疏导，但效果不明显，李老师每天的教学任务完成情况也大不如从前，从园级骨干教师降级成为普通老师。后来只要发现幼儿数目不对，她就发疯似地找孩子，找到孩子就是一顿数落或批评，情绪也变得异常暴躁，她说："我每天都特别累，为什么孩子和老师们就不能理解我呢?!"

案例 2

齐老师调到S园工作15年了，她是区里名师工作室的成员、区学科带头人。今年赶上S园的业务园长要退休了，S园举行了竞选业务园长的活动，齐老师认为自己是区里数一数二的老师，竞争业务园长应该是很容易的事情。有了这种想法，对于学科带头人要带领其他老师进行教研的工作她也不放在心上了，工作室老师分配的任务也没能按时完成，一心只想着竞争业务园长的事。为此，她多方打听其他老师的竞选内容，花钱请老师们吃饭，就想让大家投她一票。第二学期，竞选结果出来了，齐老师没有竞选上，而一名年轻的、教学理念先进的中年教师竞选上了。同时，齐老师因为竞选的事情耽误了区里布置的工作，区学科带头人的位置被Q园老师取代了，她不能完成工作室的任务，工作室也选择了其他老师代替她，园里的教学任务也被竞选的事耽误了。为此，齐老师很难过，每日愁眉不展、怨声载道，对孩子没有了以前的热情，工作也漫不经心，她觉得生活都变成了灰色的，慢慢地不爱与人交往了，进行集体教育活动时也漫不经心，不知道说了些什么。她觉得往日的辉煌已经过去，自己也没有上升的空间了，日子过得没有奔头了。

读了上述两个案例，我们不得不思考：李老师与齐老师为什么会产生这样的心理问题？该如何解决？

为了能够解决这些问题，我们需要认知以及了解：

1. 幼师常见的心理问题有哪些？原因是什么？

2. 如何解决幼师的这些心理问题？

学习目标

学习完本章内容后，你将能够：

- 了解幼师常见的心理问题；
- 掌握幼师心理问题的对策。

思维导图

以下是本章内容的整体框架以及学习这部分内容的思维过程规划。此图可以帮助你从整体上了解本章的知识结构和学习路径，包括幼儿教师常见的心理问题及对策。请你仔细品读和理解，帮助自己建立对本部分知识的整体印象。

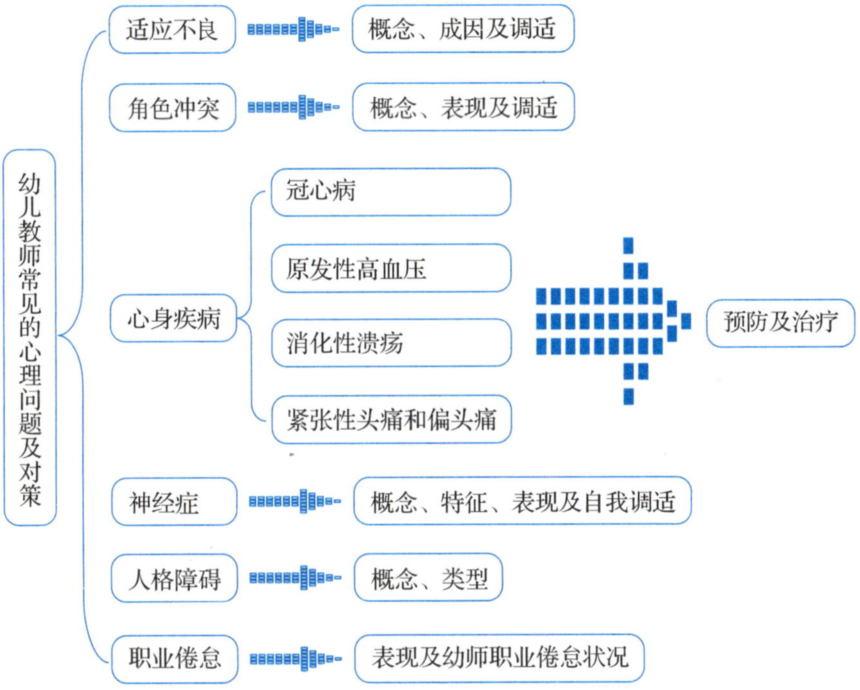

看完上面的思维导图后，你是否已经对本章所要学习的内容以及如何学习这些内容有一个初步的整体印象了呢？接下来，我们在这个整体框架的指引下逐一学习每个知识点的具体内容。我们需要重点学习幼师常见的心理问题有哪些，了解治疗和调适这些心理问题的方法。同时，在学完这些知识点的基础上，要试着将它们与现实生活进行对接和思考，这样可以帮助你更好地内化所学知识点。

知识点 1 适应不良

学前思考

在学习之前，我们先来思考以下几个问题：

1. 你适应当前所处的环境吗？

2. 如果你不适应当前所处的环境，应如何进行调适？

一、适应、适应不良的概念

所谓适应，是针对个体与社会环境的关系而言的，指个体为了在自己与所处的环境之间形成一种更为和谐的关系，根据环境的要求改变自己的行为，或者个体作用于环境并改造环境，或者二者兼而有之的一个连续的过程。它代表着一个适应良好的人所达到的内心世界与外部世界的和谐状态。

适应不良是指个体不能根据环境的要求改变自己，或积极作用于环境并改变环境，由此产生各种情绪上的干扰，妨碍个体从事有效学习和积极的探索。人格的适应不良一般表现为在日常生活中不能圆满地解决各种社会问题。

二、幼儿教师适应不良的成因

（一）从业能力不足

新幼师虽经任职前系统地进行专业学习，初步掌握了有关教育教学的理论知识，但理论转换为实践能力不是一蹴而就的，因而他们往往在课堂教学、组织管理等方面显得缺乏操作能力。

（二）角色转换迟滞

新幼师刚刚走上工作岗位，面临着社会角色的一次根本性转换，即确立幼师职业角色，由学生转为幼师，由管理与教育对象转为管理者、施教者。这一角色转换的任务较为艰巨，难度较大，不少新幼师是适应不良的。

（三）缺乏协调的职业关系

幼师的教育活动能否有效开展的一个重要影响因素，就在于幼师能否与幼儿、家长、同事、领导，以及与幼儿园有关的社会各方面形成协调、积极、健康的职业关系。教育过程是双边甚至多边的人际相互作用的过程，新幼师由于能力、经验及自身心理水平的限制，会出现职业关系上的适应不良。

（四）职业价值观与职业信念缺失

很多新幼师主要是受到他人的影响而选择幼师职业的。在职前教育阶段，一些人会逐步修正自己的职业价值取向，更多地关注经济收入或职业上的自我发展。进入幼师岗位后，依然有不少人仅仅把这个职业作为一种谋生手段，未能付出足够的热情和精力，在职业观念上存在着严重的不适应，未能认同幼师职业的崇高价值，对幼师职业的意义与未来发展缺乏坚定的信念，直接导致他们的岗位定向不明确。

三、适应不良的调适

（1）要坚持锻炼，强健体魄，让精力更充沛，更敏感灵活，以饱满的热情投入工作。

（2）要加强学习，充实知识的储备仓库，提高自己的科学理论修养。

（3）加强一般能力的锻炼，如选择判断能力、时间利用能力、创造能力、社交能力、信息利用能力、工具利用能力等。

（4）多参加教学实践活动，尤其是新幼师，多参加教学实践活动不但能够增长阅历，还能与幼儿、同事形成良性的和谐关系。

知识点 2　角色冲突

学前思考

在学习之前，我们先来考虑以下几个问题：

1. 当一个人有多重角色的时候，心理会发生什么变化？
2. 针对幼师的角色冲突，有什么解决方法？

一、角色冲突的概念

角色冲突是指个体必须同时扮演不同的角色，但由于缺乏充分的时间和精力，无法满足这些角色提出的期望而产生的冲突。

一方面，一个人往往同时具有多种不同的社会身份，与这些身份相对应，他也要履行不同角色的职能。另一方面，对于同一特定社会身份，不同的人或社会群体所持有的角色期望不尽一致，他可能因此被要求按照不同的角色模式去行事。这样，当一个人受实践、精力及自身价值倾向的制约，不能同时满足外在社会不同的角色期望而履行不同的角色职能，而当这些角色又都对其有意义，不履行任何角色的职能都会出现消极后果的时候，就出现了角色冲突。

二、幼儿教师角色冲突的表现

幼师的角色冲突主要表现在以下两个方面：

第一，管理者与朋友角色的冲突。幼师的这种角色冲突，对其提出了很高的要求：既不能摆绝对权威的架子，以免形成不良的师幼关系；也不能成为孩子们的“铁姐们”“铁哥们”，放弃应有的原则。幼师很难同时成为一个既以师长的权威进行严厉的管理，又像朋友一般和孩子们打成一片、不分你我的人，于是这种角色的拿捏常常使幼师陷入苦恼之中。

第二，领导者与顺应者角色的冲突。幼师作为领导者时，要管理幼儿、要求幼儿；而作为顺应者时，又要尊重幼儿、谅解和宽容幼儿。对于很多幼师来说，很难同时扮演好这两种角色，常常处于两难境地，从而带来了角色冲突的困惑与不安。

三、幼儿教师角色冲突的调适

社会转型时期幼师角色冲突的加剧，既与幼师角色活动的外部环境，包括社会大环境与学校小环境的急剧变化有关，也与幼师自身对角色认识不清及角色行为失范有关。因此，要缓解幼师角色冲突，必须从社会、幼儿园与幼师自身三方面同时着手。

（一）社会应为幼儿教师创造宽松的环境

从社会方面来讲，缓解幼师角色冲突，要通过相应的社会改革，为幼师角色活动提供必要的条件和创造良好的外部大环境。充分理解、合理评价、切实尊重幼师的角色活动，增强幼师角色行为的光荣感，其关键在于提高幼师的经济待遇与社会地位。

要加强幼师角色的社会调适，就要通过多种途径指导人们正确认识幼师角色的特定职能，营造支持幼师职业威望的社会心理氛围；不过分夸大幼师的作用而使人们对幼师产生过多不切实际的角色期望。通过提高幼师的实际社会地位，尤其是提高幼师的劳动报酬，正视幼师劳动的价值，以缓解由此引起的幼师角色冲突。

（二）幼儿园应减轻幼儿教师的角色负担

从幼儿园方面来讲，园所管理者要为幼师提供一个宽松、民主的角色活动环境。对教学不横加干涉，不在幼儿面前公开指责、批评老师，让带班老师有教育教学的自主权。这有利于减轻幼师由此产生的角色冲突。

抓好幼儿园内部的管理体制改革，建立引导机制，强化激励机制，实现科学管理；通过组织调整幼师的角色关系，减轻幼师过重的角色负担，消除幼师的角色紧张。其核心是为幼师的自我价值实现营造一个最佳的幼儿园氛围。

要解决幼师在课程改革方面的冲突，就要使课程改革的程度符合幼师的成长规律；同时，要创造相应的环境，增强幼师的心理适应性。引导幼师开展有组织的专题研究，培养幼师的教学反思和自我发展能力。

（三）幼师要增强角色适应能力

从幼师本身来讲，缓解角色冲突的关键在于主观努力，重视提高自身素质，增强角色适应能力；重视角色学习，不断提高自己的角色认知水平；建立角色系统，合理调整自己的角色行为；培养角色精神，有效抵制非本质角色行为的诱惑。

幼师要重视自身的心理调适。幼师角色调适一般是指人为地缩小幼师角色差距，协调幼师的期望角色、领悟角色与实践角色三者之间关系的过程，包括自我调适与社会调适两方面。自我调适是对幼师的一种内在要求，也是幼师对角色的一种真正适应。积极的角色自我调适，能从根本上缓解角色心理冲突。

知识点 3 心身疾病

学前思考

在学习之前，我们先来思考以下几个问题：

1. 幼师比较容易罹患哪些疾病？
2. 幼师罹患疾病对心理健康有什么影响？

华夏心理教育中心专家、中国心理卫生协会大学生心理咨询专业委员会副秘书长张平指出："幼师拥有较强的进取心、事业心和责任心。在内部，他们往往会忘我地工作，从而导致工作负荷和心理压力过大。在外部，幼师面临着市场经济带来的变化、冲突、竞争、压力、多元的价值观、机遇与选择、诱惑……随之产生的焦虑、失调、不平衡等不同程度的心理适应问题，目前已远比过去任何时候来得更为严重，在未来，这些问题还会更严重。"

幼师面临着工作中的挑战，承受着巨大的心理压力，由此产生的心身疾病成为一个需要关注的重要问题。

一、心身疾病的概念及相关问题

（一）心身疾病的概念

人的身心系统由生理和心理两方面构成，而身心之间又是相互影响的。人们通常重视身体健康状态对心理的影响，而心理对身体同样大的影响却被许多人忽视。心身疾病又叫心理生理疾病，它是指与心理社会因素关系密切的躯体疾病。生物-心理-社会医学模式认为，人体是心理和生理两大功能统一的完整的生命体。机体通过心理和生理的统一活动，与外界自然和社会环境不断进行着物质、能量和信息的交换，以适应环境的变化，保持人体的健康。由此可以看出，影响人体健康的因素有自然、社会、心理和生理四个方面。在外界刺激（自然因素和社会因素）的作用下，机体某一方面（心理或生理）的功能发生变化，能引起另一方面（生理或心理）功能的改变。所以心理因素和生理因素是互为因果、互相作用的。

（二）心身疾病的一些相关研究

1. 情绪与心身疾病

在研究心身疾病方面最早的是美国医生亚历山大，他是第一个心身医学研究所和心身医学学派的创始人。他认为情绪压抑或冲突是某些躯体疾病的原因，心身疾病的发生是心理冲突在幼儿期被压抑而在成年期被某些环境刺激因素再次激活的结果。他提出“器官象征语言说”，认为症状只是躯体器官的象征性语言。例如，神经性厌食代表情感上饥饿，呼吸系统障碍代表对性生活的忧郁，心血管疾病表达被压抑的愤怒，胃溃疡的发生是个体把幼儿时对喂养的渴望和儿童期需要得到的爱及依赖感情两者象征性地等同起来造成的结果。

美国医生沃尔夫等人经过 30 多年的实验研究，发现情绪因素在心身疾病的发生中起着主要作用。他们通过胃瘘观察情绪因素对胃的运动、张力、黏膜血管舒缩和分泌的影响，发现在情绪愉快时，黏膜血管充盈，分泌增加；在愤怒、仇恨时，黏膜充血，分泌和运动大大增加和增强；在忧郁、自责时，黏膜苍白，分泌减少，运动也受到抑制；在灰心和参加激烈的运动比赛时，肠蠕动受抑制，出现便秘。这些刺激持续下去即会引起心身疾病。沃尔夫等人还认为，情绪对躯体器官的影响不仅取决于心理社会因素，还取决于遗传倾向和个性。

2. 心身疾病的来源

美国医生拉克曼认为，心身疾病是从对紧张刺激的生理反应（内隐行为）的基础上强化而来的。各种特殊的自主神经的反应都可以在不同强化的基础上出现，而心身疾病一旦在强化的基础上发生以后，即使个体已经脱离了紧张刺激情境，但只要遇到类似的刺激情境，这种疾病仍可发生或者持续下去。

3. 心理应激与心身疾病

心理社会因素引起的心理应激是通过中枢神经系统再影响自主神经系统、内分泌系统和免疫功能并影响内脏器官的，心理应激引起的情绪变化，可通过边缘系统、下丘脑使自主神经功能发生明显改变，并引起内脏器官的功能活动过度或使之受到抑制。自主神经反应一般具有防止受损而起保护作用的功能，但如果这种变化过于持久或强烈，就可能导致内脏器官受到器质性损害。

（三）幼儿教师心身疾病产生的环境、心理原因

1. 负担过重，压力太大的环境因素

幼师负担过重，压力太大，是不争的事实。近年来，社会一直呼吁给幼儿减轻负担，殊不知幼儿的负担实际上是幼师负担的反射，频繁的考试、竞赛、考核、评

估搞得幼师晕头转向。大量的活动、大量的考评使幼师很少有喘息的机会。

2. 广大幼师的人格尊严和心理健康被忽视

幼师心理健康状况差的原因还在于幼师管理体制尚存在不少问题，缺乏“以人为本”的理念，缺乏对广大幼师人格的尊重。

教育是幼师奉献爱心与情感的工作。让幼师生产“爱心”，靠什么做“原料”和“动力”？显然还是靠爱心，即社会、教育行政管理者的理解、宽容和关爱。但遗憾的是，有人错误地认为，只要制定了严格的规章制度和所谓的激励措施，就可以调动广大幼师的积极性。有的幼儿园领导者无视幼师职业的特点，缺乏对幼师的关怀，这是幼儿园管理体制中存在的弊端。

比如突击入班和随时监控行为。有的幼儿园领导者习惯突击进班检查，这看起来是一种监督，实际上却是对幼师的一种不尊重、不信任。还有的园所在一些“虐童事件”发生后，为了让家长放心，在教室里增设了摄像头，家长、领导甚至其他任何取得直播权限的人都可以随时查看和监控幼师的工作情况，看起来是“现代化的管理”，实际上并没有充分尊重幼师，无形中对幼师施加了巨大的压力。

再如某市的“最差幼师”评选，还有诸如学期淘汰制、末位淘汰制及各种严明的量化考核，五花八门。在这种工作环境下，幼师滋生各种心理疾病、心身疾病就不足为怪了。

二、幼儿教师常见心身疾病的预防与心理治疗

幼师产生心身疾病的原因主要有心理压力、情绪压力、心理冲突、不良性格、过度焦虑等。这些不良的心理因素有时就直接导致了身体的疾病。心理因素之所以能影响躯体、内脏器官的功能，是以情绪活动作为媒介而实现的。因为积极的情绪可以提高体力和脑力劳动的强度和效率，使人保持健康，而消极的情绪或情绪的大起大落，能够导致神经系统机能失调，使内在生理的变化不能恢复正常，进而导致自主神经系统支配的器官发生病变。此外，不良的性格以及早期经历的各种生活事件的刺激，也是心身疾病的诱因。下面向大家介绍一些容易由心理问题引起的疾病及其心理疗法。

（一）冠心病的预防与心理治疗

1997 年，某市一级一类示范园为了改善教师生活待遇，由园方出资建房，按编制、工龄、教龄等一系列排分标准进行分房。由于面临着国家住房政策的调整，这可能是园方最后一次福利分房。按当时的规定，有住房的幼师（家庭中任意一方有房都算有房户）没有分房资格。王老师的丈夫是某部队在职干部，有部队住房一套，因为部队住房没有私人产权，所以王老师认为，她应该具有分房权。但是王老师的要求与学校当时的规定产生了冲突，她多次找校领导说明情况，均被拒绝，王老师觉得既委屈又愤怒，在分房名单公布的第二天，王老师由于突发心脏病而住进了医院。

冠心病即冠状动脉粥样硬化性心脏病。在教师群体中，冠心病已成为常见的疾病，是危害教师健康和生命的最严重的疾病之一。研究结果表明，冠心病是多种因素综合作用的结果，社会心理应激、高考升学等带来的精神紧张、竞争带来的心理压力等因素，同大量吸烟、高血压、高胆固醇症、肥胖和不合理的膳食、环境污染等一样，都是冠心病的前因，而且是重要的诱因。实验研究表明，在愤怒和紧张的情绪控制下，外周血管的阻力增加，可导致舒张压的显著提高。在恐惧的情绪状态下，由于心脏输出量的增加，收缩压会上升。情绪紧张激动的人冠心病的发病率高出情绪平静不易惊慌的人 6 倍之多，生活中不乏情绪特别激动造成心脑血管破裂而猝死的病例。

1. 冠心病的预防

（1）科学锻炼。生命在于运动，参加一定的体力劳动和体育活动，对预防肥胖、锻炼循环系统的功能和调整血脂代谢均有裨益，是预防冠心病的一项积极措施。日本京都大学对心肌梗死、心绞痛、心脏手术后有冠心病危险因素的 67 例患者采用了集体运动疗法，运动方式视患者个人状况而定，运动项目包括慢跑、步行、伸展运动、乒乓球、微型网球、郊游、滑雪等，以有氧运动为主，这种运动疗法取得了明显效果。

（2）养成良好的饮食习惯。如多吃五谷杂粮，最好是全麦面粉制品；多吃水果蔬菜，最好生吃；多吃豆制品，少吃油腻食品；多食用植物油；等等。

（3）养成三思而后行的行为习惯。凡事不必过于急躁，学会耐心等待，放慢生活节奏。

（4）学会调适不良情绪。采用转移注意力、宣泄等方法，调适不良情绪，保持乐观心态，是预防冠心病的根本所在。

2. 冠心病的心理治疗

冠心病的病理改变主要发生在心脏，但心理因素在发病机制中起着重要作用。焦虑、紧张、愤怒、烦恼等不良情绪，会引起血液中肾上腺素和其他紧张激素大量涌出，在身体上造成明显后果，如呼吸加重、心跳加快、血压升高等，严重时还会引起冠状动脉血管痉挛、阻塞而发生心绞痛、心肌梗死。据统计，有三分之一至三分之二的心肌梗死病例有发作诱因，其中情绪激动、精神紧张及疲劳最为多见。对于冠心病的治疗，以往有单纯依赖药物的倾向。但新的生物-心理-社会医学模式认为：心理疗法是与药物疗法、物理疗法（如针灸、理疗）、手术疗法三大治疗法宝并列的第四大治疗法宝。冠心病患者练习自我情绪调节，保持情绪的安宁和稳定，不仅有助于铲除冠心病的病因、控制病情的发展、更好地发挥药物治疗的作用，而且也有助于预防心肌梗死、猝死等心脏意外事故的发生。

患有冠心病的幼师要遵循以下几条自我心理调适原则：

（1）遇事心平气和。患有冠心病的幼师往往脾气急躁，容易生气。所以，必须经常提醒自己遇事要心平气和，增加耐性。

（2）要宽以待人。宽容别人不仅能给自己带来平静和安宁，有益于冠心病的康复，而且能赢得友谊，保持人际关系的融洽，所以人们把宽容称作“精神补品和心理健康不可缺少的维生素”。

（3）遇事要想得开、放得下。过于细致、求全责备常常导致自身被孤立，而这种孤立的心理状态会产生精神压力，有损心脏。对子女、金钱、名誉、地位以及对自己的疾病都要坦然、淡然面对。

（4）掌握一套身体锻炼和心理调节的方法。如自我放松训练，通过呼吸放松、意念放松、身体放松或通过练习气功、太极拳等，增强自身康复能力。

（二）原发性高血压的预防与心理治疗

周老师是某市幼儿园带班教师，她性格较外向，但易激动、喜欢抱怨，无论是对工作环境还是对同事及孩子家长总有各种不满意，多次被家长投诉。园领导找她谈话，希望她可以改正，但是周老师不但没有改正，反而对工作更加不认真，每天混日子，对孩子犯的错误不加以正确引导，把孩子当成出气筒。园领导知道后警告周老师，如不改正只能劝退。在这种情况下，周老师一直处于紧张、激动的情绪状态，血压不断升高，最终住进了医院。

原发性高血压，又称高血压病，这是最早确认的一种心理生理疾病。情绪对血压有着直接的影响。当情绪紧张时，心跳和脉搏的次数增加，排汗量增加，此时血压会随情绪紧张而升高。如果人一直处于紧张状态，就会使血液循环一直处于高压状态。一般认为，高血压主要是由于高级神经中枢功能失调而导致，而心理、行为和社会因素在其中起主导作用。外界及内在的不良刺激，能够引起剧烈的、长期的应激状态，导致中枢神经系统的兴奋与抑制过程失调，使全身细小动脉痉挛，外周血管阻力增加，最终导致血压升高；同时由于内分泌功能发生紊乱，引起水钠滞留、血容量增加，更加剧了血压的升高。

多数研究认为，高血压与病人性格有关，经研究，三分之二的患者具有一定的性格特征。一般认为，易激动、易冲动、求全责备、刻板主观者易患高血压病，这种性格很可能与遗传有关，也跟后天的际遇、工作生活的环境有关。各种引起精神紧张的情绪因素，特别是愤怒、恐惧、焦虑均可使血压升高。社会因素与高血压病的发展与预后也有关系，如社会心理压力的解除，会使血压明显下降。

1. 原发性高血压的预防

（1）改变不良生活方式。原发性高血压是一种跟生活方式有密切关系的疾病。不良的生活方式包括吸烟、酗酒、工作过于紧张、不爱活动，以及高盐、高脂饮食等。生活方式越不健康的人，患高血压疾病的可能性就越大。高血压的预防主要就是从改善这些不良的生活方式入手，减少高血压发生的可能。

（2）注意饮食，力求营养均衡。饮食上最重要的就是多吃低盐、低脂、高纤维素食物，少食或不食高胆固醇食物。关注情绪状态，要对自己的情绪状态有明确的了解，紧张或烦躁时，可以采用向别人倾诉、改变环境或转移注意力的方式，随时为心理减压。

2. 原发性高血压的心理治疗

(1) 音乐疗法。音乐疗法是通过音乐艺术途径来影响人体的心理功能，以达到治疗心身疾病的目的的一种康复保健方法。它是音乐艺术与医学、心理学、物理学等多种学科交叉综合的应用。音乐可以疏泄人们潜意识里的紧张、烦躁，解除各种心理社会因素引起的心身反应，降低兴奋水平，从而恢复人体自然的生物节律。乐曲的选择要注重音调、节律、和声等因素。优美的旋律有利于紧张、焦虑者降低紧张度，产生关于美丽风景等良好意象的联想。让患者倾听风声、雨声、海浪声等大自然的声音，也会起到良好的治疗作用。

(2) 放松训练。放松训练不仅仅是治疗紧张、焦虑的手段，也是解除疲劳的有效方法。尤其是深呼吸放松法，简便易行，仅需要一分多钟就可以明显降低疲倦和紧张感。放松训练的方法主要有以下两种：

1) 想象性放松。舒服地坐好，闭上双眼，然后想象一个场景，在这个场景中，你能最大限度地感觉到轻松、惬意。

2) 深呼吸放松。挺直地站定或坐定，双肩稍用力下垂，然后慢慢地做深呼吸。可以随着呼吸频率暗念简单的指示语："一呼……一吸……一呼……一吸"或"深深地吸进来……慢慢地呼出去……深深地吸进来……慢慢地呼出去……"

(三) 消化性溃疡的预防与治疗

关老师是一位不善于表达、工作严谨的老师，成为班主任后，关老师对自己的要求更高了，对班级里的孩子也是提高要求、再提高要求。她要求自己和自己的班级在各项评比中都要排在前三名。关老师经常感到胃部不舒服，尤其是有评比和考核工作前，她就吃不下东西。到医院检查，被确诊为胃溃疡，服药后有所好转。可是，每当幼儿园进行评比、考核时，关老师的胃痛病还会复发，为此，她感到非常苦恼。

消化性溃疡包括胃、十二指肠溃疡，是最常见的一种疾病。大量的临床资料证实，心理社会性紧张刺激与溃疡病的发生有直接关系。强烈而持续的身心紧张状态以及由此产生的焦虑、愤怒、抑郁、沮丧、痛苦等情绪体验，可以引起神经的兴奋，导致胃液分泌增加，胃酸和胃蛋白酶原水平升高。如果这种升高现象持续存在，就会损伤胃和十二指肠而导致溃疡。这便是中医中的"思伤脾"。幼师每当重大考试或突击检查、公开课评比时易患胃肠病的原因就在于此。如果幼师长期处于焦虑、愤怒、怨恨状态下，就极易导致消化性溃疡。

消化性溃疡患者的人格特征表现为顺从依赖、过分自我克制、情绪不稳、内心矛盾重重等。由于他们惯于自我克制，在应激时情绪得不到宣泄，从而使迷走神经反射更为强烈，胃酸和胃蛋白酶原水平增高尤甚，故容易发生消化性溃疡。

1. 消化性溃疡的预防

(1) 起居要有规律，睡眠要充分。要注意劳逸结合，不能长期处于紧张状态。

（2）每日三餐要定时，尤其是早餐不可少，切忌暴饮暴食。

（3）多食高纤维食物，少饮浓茶、咖啡，少食辛辣食物。

（4）少吸烟，少饮酒。饮酒过量及大量吸烟会造成胃黏膜损伤，增加幽门螺旋杆菌感染的机会。

（5）季节变换时应注意保暖，多食易消化食物。

2. 消化性溃疡的心理治疗

消化性溃疡的发病与患者面临的紧张状态及内心矛盾密切相关，因此，心理治疗方法的运用，应从改变对紧张环境的认识及缓解内心矛盾入手。

（1）运动疗法。运动锻炼有利于消化性溃疡病人的康复。消化性溃疡病人参加适当的体育锻炼、体力劳动及文娱活动，可调节神经系统的功能，改善血液循环，包括改善胃、十二指肠的血液循环，增强消化系统的功能，促进消化性溃疡病人的痊愈。

（2）音乐疗法。音乐疗法可以改善血液循环，调节神经内分泌系统的功能，增强消化功能，促进机体代谢，对消化性溃疡的康复治疗有一定作用。

（3）增加自己心理的自由度。患病幼师要对自己面临的紧张情境以及自己内心的矛盾有清晰的认识，并有针对性地进行自我调节。一个人尽管受环境的制约，但在心理上却是完全自由的。因此要掌控自己的心理，增加心理的自由度。要允许自己有缺点，不要过分追求完美，只有当一个人能坦然地说“我错了”“这一点我不如你”的时候，他才可以放松自我，自由地表现自我、享受生活。

（4）别怕让别人失望。害怕让别人失望而压抑自我的做法，是造成紧张、焦虑的主要原因。事实上，一个人无论怎样做，也无法满足所有人的期望。所以只要自己尽了力，就不必介意别人的感受。

（四）紧张性头痛和偏头痛的预防与心理治疗

王老师是某市示范幼儿园的年级组长，近几年由于设计游戏活动成绩突出，连续获奖，备受领导重视，不仅每次公开课都安排她来组织实施，还安排了在很多工作坊让她分享经验心得。但王老师由于长期紧张工作、劳累过度而患了头痛失眠症，多次求医问药也不见好转。在万般无奈之下，王老师走进了心理门诊寻求帮助。

紧张性头痛和偏头痛是与心理因素关系密切的两种常见的神经系统症状。紧张性头痛主要是额颞部和枕部出现的肌肉紧缩性疼痛，是临床上常见的头痛病之一。偏头痛是一种周期性发作的头痛，疼痛多偏于一侧，发作时，常可累及头、面、颈等部位。头痛的主要原因是长期不愉快的心情和情绪刺激，焦虑、紧张、愤怒以及疲乏的感受和情绪可通过神经血管机制引起头部血管和肌肉强烈收缩。

易患紧张性头痛和偏头痛的人的个性特点表现为好强、固执、孤独、刻板、敏感、嫉妒、内心冲突等心理特征。

1. 紧张性头痛和偏头痛的预防

（1）运动。美国医生所罗门博士说：“运动是预防头痛的有效方法之一，因为运动可帮助你排解紧张与压力。如果头痛的情形不太严重，运动有益于改善情况。”但若头痛剧烈，切勿运动，以免情况更糟，尤其是偏头痛患者。

（2）睡觉。睡觉有助于预防和消除头痛。但应避免睡得过多，以免睡醒后反而出现头痛或头痛加重。

（3）勿打盹。小睡片刻或许可以消除头痛，但若你没有头痛时，最好不要小睡，因为小睡可能会引起偏头痛。

（4）洗热水澡或热敷。洗热水澡或热敷可以缓解疲劳，使周身血液畅通，是预防头痛的好方法。

2. 紧张性头痛和偏头痛的心理治疗

紧张性头痛是多种因素综合作用的结果，但其根本原因是个体在身心上存在种种紧张因素，如竞争激烈、工作压力大引起的心理、精神紧张；颈、肩部劳累引起的血管、肌肉紧张等。故其心理治疗应强调根据不同病人的特点，进行各种有效的放松治疗。常用的治疗方法有以下几种：

（1）心理行为疗法。现代医学不仅从生物学方面研究疾病的发生和发展，而且从心理、社会等方面研究疾病的成因、预防和治疗。紧张性头痛和偏头痛一经诊断明确，须向患者及其家人说明该病的性质，及时对患者进行心理疏导，使其解除不必要的思想顾虑，保持乐观向上的精神面貌；日常生活要有规律，经常参加文体活动。这是治疗成功的前提。

（2）松弛疗法。枕部、额颞部肌肉按摩，热生物反馈和针灸治疗等，可起到使颈肩部肌肉松弛的效果，从而缓解头痛。

（3）自我心理调适。

1）焦点转移法。处于紧张的情绪状态时，可以想办法转移自己的注意力。做一些或想一些愉快的事情有助于情绪的改善，如处在长期紧张高考备考辅导中，学生易出现烦躁情绪，觉得紧张、疲劳时，可以选择一个假日，和同学、朋友、家人一起去郊游，在愉快、放松的气氛中把紧张的高考忘得一干二净，使精神充分放松。

2）自我暗示法。在焦虑、紧张和烦躁时，不妨自我暗示、自我鼓励一下。对自己说：“该做的我都做了，还怕什么呢？”“和别的老师相比，我下的功夫一点也不少，在竞争中我并没有落后。既然如此，我何必每天都紧张担忧呢？”积极地进行自我鼓励，不断地在工作过程中给自己一些小奖励。

3）自我安慰法。当一个人追求某项事物而得不到时，为了减少内心的失望，可运用“酸葡萄心理”来安慰自己，为失败找一个冠冕堂皇的理由，就像寓言中的狐狸，吃不到葡萄反而说葡萄酸一样。与此相反的“甜柠檬心理”也有助于保持积极的情绪，即利用各种理由来强调自己所拥有的东西都是好的。但在用这种方法的时候要注意，这实际上是一种自欺欺人的方法，可以偶尔用作缓解情绪的权宜之计。如果用得过多，成为个人的主要防卫手段则是一种病态，会妨碍自己去追求真正需要的东西。

4）幽默法。具有幽默感，可以使人们对生活持积极乐观的态度。幽默感是一种特殊的情绪调节方法，也是人们适应环境的工具。许多令人烦恼、厌恶的事，用幽默的方法来应对，往往使人们的不快情绪荡然无存，立即变得轻松起来。

知识点 4　神经症

学前思考

在学习之前，我们先来思考以下几个问题：

1. 最近半年里，你是否有晚上很难入睡，早上醒来后还感觉疲乏的情况？

2. 最近半年里，你是否很容易为了一些小事而焦虑、烦躁、激动，并出现偏头疼等症状？

3. 如果有以上这些情况，你是怎么处理的？效果如何？

国外有一项调查的结论显示，在一般居民中，神经症的终身患病率为 2.3%～13.1%。我国于 1982 年 7 月对 12 个地区进行了神经症流行学调查，发现患病率为 2.2%。世界卫生组织（WHO）根据各国的调查资料推算，人口的 5%～8%患有神经症，是精神病患者的 5 倍，且女性高于男性。在校园内，由于近年来社会变革和教育改革压力的增加，教师当中患有神经症的人数也有增加的趋势。幼师患神经症的原因主要有以下几点：

（1）专业水平不能适应时代的发展。每位幼师皆须接受专业的训练才能胜任工作，但在这个知识爆炸的时代，知识信息传播速度快，家长与幼儿受教育的愿望与态度绝非往昔的教育方式所能满足，因此，幼师如果不能随着时代的发展而不断提高专业水平，便会面临被淘汰的命运，这是幼师患神经症的深层次原因。

（2）教育情境变化的影响。幼儿园是幼师生活的重心，幼儿是幼师的主要工作对象。然而，幼儿园的环境与幼儿的心态在近些年有了相当大的改变，幼师工作的情境与对象逐渐发生了变化，使得幼师必须付出数倍于以往的心力才能有所作为，以致经常产生一种无力感，常用来形容幼儿的“幼儿园恐惧症”也适用于幼师。

（3）家庭与婚姻问题。幼师家庭多为双职工家庭，夫妇双方皆外出工作，因工作繁忙，很难兼顾家庭生活，更别说提高生活质量了；有些幼师终日在学校奉献于教育工作，在主客观条件下，不易获取结交异性朋友的机会，造成感情与婚姻生活的不顺利。婚姻与家庭生活的不顺利，易使幼师产生巨大的心理压力，这也是幼师患神经症的原因之一。

（4）个性特质的影响。大部分幼师长期受权威式专业陶冶，处于严谨的教育工作环境里，加上本身人格特质的影响，在基本信念上具有偏执与封闭的特质；在人际互动快速频繁的现代社会中，幼师长年教书育人而曲高和寡的行为模式，较易造成既自大又自卑的情结，这种心理矛盾衍生出焦虑反应在所难免。

（5）经济压力。在市场经济条件下，有些幼师也追求经济效益。由于他们的工资水平不高，无法享受富裕的生活，在价值观与现实环境的冲突下，有形与无形的经济压力自然也成为幼师必须正视的课题，由此而产生了心理压力。

因此，与只要做好传道、授业、解惑的任务即可的传统幼师相比，现代幼师则必须适应社会大众、家长、教育行政单位、幼儿园同事及幼儿等各方面的需求，不仅要做好教学工作，更要担负幼儿园内外种种繁杂的事务，承担生活与工作的压力，他们的生活质量与工作质量必然会受到影响。

一、神经症的概念及特征

神经症是一种由心理因素造成的常见病。它是一组非器质性的轻型大脑功能失调的心理疾病的总和，即一般没有任何可以查明的器质性病变，但又确实有心理异常的表现，甚至可以表现得非常严重。不过病人对自己的病有认识能力，并能主动求医，有生活自理能力，社会适应能力和工作能力基本没有缺损。神经症的一般类型有神经衰弱、强迫症、焦虑症、疑病症、恐怖症、抑郁症、癔症等。它们各有其临床特点，但又有共同之处，表现在以下几个方面：

（1）发病常与心理因素有密切关系。

（2）不健康的个性常构成发病的基础。

（3）症状多样，但整体均无器质性病变。

（4）无精神病性症状，人格保持完整，接触现实良好，仍保持部分或全部社交、生活和工作的能力。

（5）对自己的病有自知力，要求治疗。

苏联学者 N. 布赫曼发现并提出了“第三状态”的概念，它与神经症的表现相同。它是指个体在通常情况下自我感觉良好，既可参加正常的工作、学习和生活，又能应付一般的社会活动和邻里关系，但与健康人相比，却显得工作、学习效率低，生活质量差，身心极易疲劳，有些人甚至还会出现食欲不振、睡眠不佳、腰酸腿疼、疲乏无力等症状。然而，经过各种医疗检查又未能发现这些人有什么异常，更无法证实有某些器质性病变。这种状态介于健康与疾病之间，是一种既不是健康又不是疾病的中间状态。

现代社会快速的变革、激烈的竞争、高效率的工作和学习、快节奏的生活以及幼师个人一些不良的习惯等，都会促使幼师产生“第三状态”，患上不同类型的神经症。

二、神经症的表现及自我调适

(一) 神经衰弱的表现及自我调适

王某是某幼儿园的老师兼团委书记，平时，除教学工作外，他还要组织各种活动、管理班级等，工作压力很大。年初，幼儿园拟提拔一名业务园长，作为候选人之一的王某没有被选上。此后的几个月里，王某回到家经常说累，体重也突然减轻了二三十斤，本来睡眠就不好的他，每天只能睡上一两个小时。当年5月，王某由于走不出自我折磨的误区而自杀身亡。

1. 神经衰弱的表现

神经衰弱是指患者精神容易兴奋和大脑容易疲劳，常伴有情绪烦躁和一些心理、生理症状。神经衰弱的临床症状可归纳为5个症状群：

(1) 衰弱症状：精神疲乏，反应迟钝，注意力难以集中，记忆困难，工作或学习不能持久，效能减低。

(2) 兴奋症状：用脑时精神兴奋，回忆及联想增多，且控制不住对声、光的敏感。

(3) 情绪症状：易烦躁、易激动，工作或学习时伴有焦虑、苦恼。

(4) 紧张性疼痛：如紧张性肌肉痛、紧张性偏头痛。

(5) 睡眠障碍：入睡困难、多梦、易醒，醒后感到疲乏。

2. 神经衰弱的自我调适

幼师个人性格特征的不良是导致神经衰弱的重要原因，常表现为心胸狭窄、敏感多疑、主观急躁、情绪易波动、自制力差、思虑过多等。不良的心理社会因素也是致病的重要原因，如工作紧张、压力大、工作或学习环境差、人际关系紧张及各种不良刺激等。神经衰弱的本质是严重或持续的心理矛盾冲突引起的情绪性（心理性）痛苦，因此，痛苦是症状的表现结果，不是症状的原因，有时从表面上看是由学习、工作辛苦引起的，而背后其实是学习的压力感、工作的紧张感以及种种内心的矛盾等。长期的精神或心理创伤，如家庭纠纷、婚姻不幸、邻里关系紧张等，也会使人们精神过于紧张、心理负荷过重而出现神经衰弱。脑力活动时间过长，工作超负荷，常常会造成神经负担过重，成为幼师神经衰弱的重要原因。

对于神经衰弱，原则上以心理治疗为主，配合必要的药物和物理疗法，同时合理安排作息时间，以及从事一定的体力劳动和体育锻炼。最好的治疗方法是心理自我调适，即以预防为主，改变不良习惯，加强锻炼，使生活宁静而有规律，再施以心理治疗，克服紧张焦虑情绪。下面介绍一种具体的心理疗法——松弛训练法。

(1) 呼吸松弛训练。呼吸松弛训练是让神经衰弱的幼师改变原来的呼吸节奏，采用稳定、缓慢的深呼吸的一种方法。一般连续多次练习，即可达到安定情绪、消除紧张和焦虑的效果。

(2) 肌肉松弛训练。选择一个安静的环境，让神经衰弱的幼师舒适地坐在椅子上或躺在床上，先紧张、后松弛地训练其肌肉放松。肌肉松弛可以按照面额—头颈—上肢—胸背—下肢的顺序进行，训练过程中还要在心里默念“松、松……”或可遵循其他的放松指令。肌肉松弛如若配合呼吸放松，则效果会更好。

（3）自我暗示松弛训练。这是通过语言的自我暗示来调节和松弛紧张情绪的一种方法。可以用言语暗示自己，如“不要紧张，不要发愁”“不要着急，冷静处理，一切都会好起来的”等，不断给自己安慰和鼓励。只要在心静意专的情况下，自我暗示就会对情绪的调节起到明显作用。

（4）想象松弛训练。也叫体验想象法，是让神经衰弱的幼师先想象出最紧张、最焦虑的状态，然后体验这些紧张的情境，自觉忍受，并保持一段时间，直到这种紧张和焦虑缓慢消失。这种方法要连续反复多次使用，想象的紧张或焦虑程度要一次比一次递进，最终达到放松的效果。

（二）强迫性神经症的表现及自我调适

林老师是一位幼师。在“非典”流行时，林老师就养成了回家后立即洗手的习惯，刚开始每次需用两三遍洗手液，后来用五六遍还觉得不干净，每次都强迫自己洗五分钟，但还是担心手上有细菌。新型冠状病毒肺炎袭来之后，林老师每次用手推门、拿东西，都会觉得手上有很多病毒，必须马上洗手，否则就会难受。她知道这些是不必要的，但她不能自我控制，痛苦不堪。在工作上，林老师每况愈下，给幼儿上课时甚至会出现大脑空白、注意力无法集中的现象。

1. 强迫性神经症的表现

强迫性神经症又称强迫症，是指病人意识上反复出现不能控制的观念、思想、恐惧、冲动和疑虑的一种心理疾病。这些心理活动违反病人自己的意愿，使他们感到惊惧、焦虑和不安，但又确是出自他们的内心，不是外力强加的。因此，病人有一种自我强迫的冲突体验。强迫症既表现在内部观念、思想上，即“强迫观念”，又表现在外部行为上，即“强迫动作”。

（1）强迫观念。这是一种思维障碍，表现为反复而持久的观念、思想、印象，也可以是冲动念头。这些体验虽不是自愿产生的，但仍属于患者自己的意识。患者力图摆脱，但又为摆脱不了而紧张烦恼，因而心烦意乱、焦虑不安和出现一些生理症状，具体形式有强迫怀疑、强迫回忆、强迫联想、强迫对立思维、强迫意向等。例如，放学后总觉得自己交接错了孩子；走到阳台，会有跳下去的冲动；看到窗外五彩缤纷的花朵，脑子里会不停地思索为什么花朵会有各种颜色。

（2）强迫动作。即重复一种无意义的行为。它继发于强迫观念或某种欲望，可能意在消灭灾祸，或防患于未然。但这种动作既不与现实相联系，又明显是过分的，可患者却非做不可。做后能消除片刻紧张，但一会儿又感觉不舒服。主要形式有强迫洁癖、强迫检查、强迫计数、强迫性礼仪动作。例如：接触过传染病病人，就一直反复洗手；上班后总怀疑家里门没有锁好，不断检查。

2. 强迫性神经症的自我调适

强迫症的自我调适以认知疗法、注意力转移、厌恶疗法为主。调适时要仔细了解强迫症的类型和程度、外界诱因和使症状固定的强化因素。轻微的强迫症可通过适当解释，使其改变认知。严重的强迫症则需使用一些药物，但应在医生指导下选用。下面两种心理疗法可以用来治疗强迫症：

（1）森田疗法。患有强迫症的人要对不自主的观念和行为持不抵抗态度，不把它当作异物而加以排斥，也不设法排斥。这样，那些违反自己意愿的观念、思想就失去了对立性，缓和了冲突，它也就逐渐自然消失了。但此方法不适合强迫动作。

（2）认知领悟疗法。此方法要与心理辅导老师的辅导一起使用。患病幼师与心理辅导老师一起讨论分析症状，使患者认识到在他的病态观念或行为中哪些是不适当的，重新评价和对待自己的思想和行为。

（三）焦虑性神经症的表现、原因及自我调适

“我是一名幼师，没做组长之前，还能够胜任带班工作。但自从做了组长以后，我总是担心自己所带的班的各种活动和发展会落在其他班的后面，因此，一遇到幼儿园组织大型活动，需要展示班级状况时，我就担心、害怕，有时甚至连续几天睡不好觉。运动会那几天，虽然班级取得了比较好的成绩，但我还是因连续失眠而病倒了。现在，进入了新年活动准备期，我又开始失眠，几乎整夜睡不好觉，白天上班无精打采，还伴有头痛。”

1. 焦虑性神经症的表现

焦虑性神经症又称焦虑症。焦虑是一种内心紧张不安，预感到似乎将要发生某种不利情况而又难以应付的不愉快情绪。焦虑是一种普遍现象，大概所有的人都体验过不同程度的焦虑。人们在考试、接受医生检查、等待一次重要会见时，常有焦虑体验。焦虑并不是病理性的，只有焦虑过度才会成为心理问题。

焦虑症是指持续的焦虑或发作性惊恐状态，表现为焦虑、烦躁、易痛苦，同时伴有明显的自主神经系统症状或运动性不安，以及头晕、胸闷、心惊、呼吸困难、口干、出汗等身体状况。这些症状并非实际威胁所引起的，是与情境不相称的反应。慢性焦虑症与急性焦虑症又有不同的表现。

慢性焦虑症，表现为经常或持续地感到无明确对象、无具体内容的恐惧，提心吊胆或紧张不安，伴有自主神经系统症状或运动性不安。急性焦虑症，也称惊恐发作，表现为突然处于一种暂时性的、莫名其妙的惊恐状态，发作时有严重的自主神经系统症状，处于完全无力状态，但意识清楚，有求助的要求或表示。

2. 焦虑性神经症产生的原因

（1）内心冲突。焦虑是由内心的矛盾冲突引起的，包括本能冲动与现实原则、本能冲动与道德准则之间的冲突。

（2）人格特征。患者多有自卑、易于紧张、恐惧、好夸大困难、患得患失、依赖性强、对自我过分关注等人格特征。

（3）各种不良刺激。各种不良刺激都能使人产生应激反应，常诱发焦虑和恐惧情绪。此外，此症也与遗传因素、生物化学变化、神经生理改变等有关。

3. 焦虑性神经症的自我调适

对焦虑性神经症进行自我调适，要根据焦虑原因和程度，采用不同的治疗方法。焦虑性神经症的自我心理调适可采用如下方法：

（1）增强自信。自信是治疗焦虑的必要前提。一些对自己缺乏信心的人，往往对自己的能力持怀疑态度，夸大自己失败的可能性，从而忧虑、紧张和恐惧。因此，产生了焦虑后，必须增强自信心，减少自卑感，应当相信，只要恢复或树立自信就能克服和消除焦虑。

（2）自我深度松弛法。这种方法可以让自己从紧张情绪中解脱出来。例如，在心情好的时候，有意想象种种可能出现的危险情境，使危险情境由弱到强，反复出现，最终使你对任何情境都不再有焦虑体验。

（3）自我反省法。有些人只感受到了痛苦和焦虑，但不知其原因，这就需要进行自我反省，以便从潜意识中找出引起焦虑的原因，对症下药。对于自知因何而焦虑的人来说，常常又会表现出胡思乱想、坐立不安、心绪烦躁等症状，此时可采用自我转移注意力的方法，如找一本非常有趣的书看，或从事较重的体力劳动，以此来忘却焦虑的痛苦。

（4）自我暗示催眠法。患焦虑症的幼师大多数都有睡眠障碍，不易入睡或易惊醒。因此，可采用自我暗示催眠法，如数数、听音乐等方法使自己入睡。

（四）抑郁性神经症的表现、原因及自我调适

林某，某幼儿园教师，曾多次参加过省、市级优质课大赛，并获得优异成绩。在同龄人中，她常以令人羡慕的姿态出现。工作6年来，她一直担任班主任，对人生的态度是积极进取的。不过，林某有一个很大的缺点，就是心直口快，往往在师友面前直言不讳。一次，林某无意中得罪了幼儿园的一位领导。之后，这位领导在全园大会上三番五次含沙射影地挖苦她、讽刺她，严重地挫伤了她的自尊心和积极性。从此，林某心里渐渐有了阴影。她的生活开始变得懒散、随便，教学也不那么认真了，整日沉默少言，对外界事物也失去了年轻人的敏感与好奇，显得麻木起来。她以这种态度度过了半年，她所管理的班级也因此成了同事、家长心目中的差班。最后，林某变得更为消沉，生活毫无规律。尽管她深知如此下去的危险，但仍然不能自拔。对于自己，她完全丧失了控制能力，整日惶惶然，六神无主。

1. 抑郁性神经症的表现

抑郁性神经症又称抑郁症或神经性抑郁，是对痛苦经历的抑郁反应，是以持久的苦闷、悲观心境为基本特征的。它的心理症状多表现为心情抑郁、精神不振、情绪低落，躯体症状可表现为头痛、头晕、心烦等。女性多伴有月经不调。

抑郁症最突出的表现是对日常活动包括业余爱好和娱乐的兴趣显著减退，感到生活无意义，对前途持悲观态度；常回忆不愉快的往事，或遇事往坏处想；自我评

价下降，夸大自己的缺点；常唉声叹气，易伤感流泪或愁容满面，自认病情严重，没有治好的希望，又要求治疗。此外，还表现为活力降低，懒散乏力，反应缓慢，对工作、学习缺乏信心；同时社交活动减少，不愿主动与别人交往，烦躁易怒。

2. 抑郁性神经症产生的原因

（1）生活、工作中的挫折，引起心境的改变，悲伤、失望、无助等强烈而持久的负性情绪破坏了感情生活的平衡。

（2）自尊心受到伤害，动摇了对自己能力和品格的自信心，产生了较强烈的自卑感，总感到不如他人。

（3）患病前性格特点多为依赖性、被动性强，不开朗、胆小怕事，多思虑和倾向于厌世悲观。这种性格特征多被视为抑郁症的温床。

3. 抑郁性神经症的自我调适

对于抑郁性神经症，药物的辅助治疗有必要，但更重要的是心理治疗。在心理治疗方法中，认知领悟疗法是比较有效的方法之一，即改变患病幼师对现实、对自己的不正确认识，帮助其在个人与社会、工作环境、家庭之间建立起适当、合理的关系，进而使负面情绪好转起来。患有抑郁性神经症的幼师的自我调适可从以下几个方面进行：

（1）加强锻炼。一个人如果身体健康则精神振奋、心情舒畅，朝气蓬勃；如果疲劳过度、睡眠不足或有疾病，则易产生不良心境。因此，为了有一个良好的心境，就应当坚持锻炼。科学研究发现，由锻炼引起的生物化学上的及其他各种各样的变化，比药物更有助于改善人们的情绪，尤其是能够提升心肺功能的有氧运动，如跑步、游泳、做操等，每周三至五次，每次持续二十分钟左右。运动量过大或过少均达不到最佳效果。

（2）欣赏音乐。音乐对大脑边缘系统和脑干网状结构有直接影响。它通过一定的节奏、速度和音调等来起到使人镇静或兴奋、调节心率、降低血压等作用。但是用音乐来改善抑郁心境，必须选择旋律优美、使人安定舒适的音乐，才能在音乐的逐渐变化过程中，达到期望的治疗效果。

（3）增加光照。最新研究发现，一个人如果接受的光照不够，则易患抑郁症。因此，为了改变不良情绪，最好使自己接受更多的光照。有关专家建议一个人每天至少接受 2～3 小时明亮的人工光照，有利于改善心境。

（4）乐观思考。抑郁状态往往是由轻率、不现实的思维方式引起的，因此改变自己不正确的思维模式是改变苦闷、悲观心境的重要方法。患有抑郁症的幼师要变换不同角度来思考问题，乐观对待困境，抑郁症便会慢慢减轻直至消失。

（五）疑病症的表现及自我调适

马老师，某幼儿园教师。最近一段时间，马老师总是愁眉苦脸，问其原因，马老师说自己总是感到心慌、胸闷、全身不舒服，到处求医问药，也没有检查出是什么病。马老师经常吃一些治疗心脏病的药，但不见好转，现在身体越来越差，连上课都不能坚持了。

1. 疑病症的表现

疑病症是一种以希望身体健康，又想象自己得了难以治愈的疾病为特点的心理障碍。这种病是大脑皮层与内脏相互关联的机能失调的表现。疑病症患者坚信“自己有病”，常常叙述自己某个身体部位或内脏器官有特别不舒服的感觉，并认为是患了某种严重的疾病，从而出现焦虑、紧张性情绪和强烈的求治愿望。

这类心理障碍患者的症状分散而又多样化，可涉及身体的不同部位，但以头、颈、胸、腹部最为多见。患病者的主诉症状有分散而模糊、明显而细致相结合的特点。

2. 疑病症的自我调适

疑病症的治疗应以心理治疗为主。一般的解释说明往往不易被病人接受，因此要仔细寻找病人的发病原因，认真研究病人的病态心理，取得病人的信任，使病人树立起病能治好的信心，然后再进行系统的心理治疗。

在进行心理治疗时，其方法是对患者讲清楚病的实质是“庸人自扰”，是纯粹的“疑心病”，告诉患者，这种病越吃药越糟，越看淡它越轻。最好的办法是“保持原状，顺其自然”“见怪不怪，其病自愈”。疑病症患者的自我调适可采用如下方法：

(1) 运动法。适当地参加一些自己喜欢的体育运动，提高身体抵抗能力。

(2) 转移法。通过其他活动，如看书、听音乐等来转移注意力，达到治疗目的。

知识点5　人格障碍

学前思考

在学习之前，我们先来思考以下几个问题：

1. 在工作生活中，你是否遇到过固执、敏感、多疑、心胸狭隘、好与人争论、不肯承认错误、常曲解别人的好意并缺乏幽默感的人？

2. 请思考一下，如果遇到上述类型的人，你会怎样与他相处？

张某，某幼儿园老师，工作能力强，但就是与周围人关系不睦。在别人眼里，他固执、敏感、多疑、心胸狭隘、嫉妒心强；拒绝接受批评，好与人争论，不肯承认错误；常曲解别人的好意，戒备心强；与别人关系紧张；缺乏幽默感。

在生活中，你可能遇到过或正遭遇着张某这样的人，是不是觉得这样的人难以相处？生活中还有另一类人，他们似乎表演欲特别强，过分地做作和夸张以吸引他人的注意；以自我为中心；情感变化多端；很难与别人保持长久的关系；言行举止像儿童，情感不成熟；经常打扮得花枝招展，希望生活像演戏一样热闹和不平静。有时候你可能觉得这类人很可笑，其实不然，他们可能都存在人格障碍，需要我们的帮助。那么，我们来看看什么是人格障碍。

一、人格障碍的概念

人格障碍又称变态人格或病态人格，目前国际上较为通用的术语是人格障碍，它是指人格特征显著偏离正常状态，使患者形成特有的行为模式。通俗地讲，它是对正常人格的明显偏离，是一种人格发展的内在不协调，是在没有认知过程障碍或没有智力障碍的情况下出现的情绪反应、动机和行为的异常。所谓人格发展的内在不协调，可以表现为认识能力、情绪反应和意志行为三个方面活动发展的不协调；也可以表现为理智活动和本能情绪反应活动发展的不协调；还可以表现为抽象思维和形象思维之间发展的不协调。

一个人本能、情绪、意向活动过分地或畸形地发展，就会导致理智活动发展不足，以及出现高级情感的缺陷。这种人缺乏调节情感情绪活动和行为活动的能力，表现出放荡不羁、感情冲动、偏离正轨、趣味低级等特征。

需要强调的是，这种异常主要表现在情感和意志活动的障碍上，而思维和智力活动并无异常。这种情绪反应、动机和行为的异常使个体对环境适应不良，个体的社会和职业功能受到明显影响，常常感到精神痛苦。它通常开始于童年或青少年，并一直持续到成年或伴随终生。

二、幼儿教师的人格障碍

在传统社会里，幼师具有崇高的地位与权威，很少有人会怀疑幼师的人品与身心状况。而随着社会的急剧变迁，幼师亦不可避免地开始产生许多心理适应不良的问题。

据调查，幼师确实在身心适应方面存在着许多问题，患有精神疾病与神经症的人数不低于生理方面的病患者。虽然幼师职业群体与其他行业从业者相比较，因精神疾病而需要住院治疗的比例并不高，但无法在园内胜任工作的幼师人数却越来越多。加上正逢社会转型期与教育政策变革时期，行为与人格的异常就更容易在幼儿园里出现了。

幼师工作时间长、薪酬偏低、社会地位不高等原因使得其在遭遇困难的时候，无法以自己的能力、经验去克服，或无法改变自己的行为模式去适应环境的需求，便可能诉诸病态的行为，以满足需要或解除危机。幼师的人格障碍，可视为幼师在成长过程中所累积的心理困境无法通过正常渠道得以疏导而长期形成的人格反应形态。当然，幼师的人格障碍也是个人特质、家庭养育、学校教育与社会文化背景下的产物。按照不同的分类方式，幼师的人格障碍可分成不同的类型，下面仅就幼师当中普遍存在的五种人格障碍进行阐述。

三、人格障碍的类型

（一）偏执型人格障碍

某幼儿园有一位青年教师，由于在文体方面的特长，学校指定他暂任团委书记。半学期后，他在幼儿园公开竞聘团委书记时落聘。由于该教师与一位副园长关系不和，于是，他就疑心是副园长搞的鬼，认为自己受到了排挤和压制，对此耿耿于怀，愤愤不平，认为园领导与同事都对他不公平，因此整日指责他们、埋怨他们。之后他常与园领导、同事发生冲突，要求恢复他的团委书记之职，否则就要上告、伺机报复。大家都耐心地劝他，他总是不等人家把话说完，就急于申辩，大家的好言相劝他一点也听不进去。因此，他与园领导、同事的关系日益恶化，一年后仍无根本性的改善。经诊断，该教师为偏执型人格障碍。

1. 偏执型人格障碍的表现

固执刻板、与人争论、报复心强；敏感多疑，过多地要求他人，但从来不信任别人的动机和意愿，认为别人心存不良；夸大自己的重要性，对自己有不切实际的过高的评价，把由于自己的错误而产生的后果归咎于他人，不停地责备和加罪于人，心胸狭窄，忌妒心强。

2. 偏执型人格障碍的调适

偏执型人格障碍一经形成，就具有相当的稳定性，想彻底矫治好很不容易。其原因是患者往往不肯好好配合心理医生，患者总认为自己根本没有患病，医生是在胡说，因此总是用不信任的眼光看医生、怀疑医生，拒绝与医生合作，使得医生无法介入治疗。可见，对偏执型人格障碍应尽早治疗，应该抓住患病初期有效调适。调适的方法主要有以下几种：

（1）要自觉地创造一个良好的人际环境。校领导、同事对患者不要轻易地责备，要予以理解、关心、尊重、帮助。要经常与患者进行沟通和交往，减少或避免不良刺激。一旦与患者争吵起来，周围人要尽快散开，不要去凑热闹，更不要去争辩，但大家可以齐心协力地相劝，使其收敛。而患者此时也要尽量警告自己不要吵架，使自己尽快离开，以免闹个不休。如果患者能自觉地把自己长期置身于这样一个良好的人际环境中，那么，其异常的人格就会逐渐好转，甚至可以有较大的改善。因为，在这种良好的人际环境中，患者通过良好的沟通与交往，容易理解他人、信任他人，减少敏感多疑。

（2）学会用自我暗示调适法来逐渐消除偏执型人格障碍的异常人格特征。如默念：“一个人固执多疑，不利于和他人来往。因为固执多疑，就会听不进别人的任何意见，只相信自己，就会使他人感到自己难以沟通；因为固执多疑，即使自己的意见是正确的，也会使领导、同事在情感上难以接受，有可能从反面去理解而造成误会。自己一定要改掉固执多疑的缺点，要谦和，要心平气和地表达自己的观点，要积极地去理解领导、老师的意见，不要总认为自己比别人能干，要知道天外有天、人外有人，自己千万不要高傲自大，不要轻视领导、同事的意见，而要向他们学习。同时也要相信他们，领导、同事是不会整天与自己过不去的，自己不要总是怀疑有人在搞鬼，不要轻易地去怀疑他们，否则，会给自己带来无穷的烦恼。自己一定要用宽容的态度对待领导、对待同事，相信他们也会这样对待自己……”如果有时间的话，最好每天都这样默念一次，坚持一段时间，偏执型人格障碍的许多异常人格特征就会得到缓解，甚至会有明显的改善。对这种自我暗示，首先要充分相信它的神奇作用，最好能在大脑皮层兴奋性较低的早晨、午休或就寝前进行默念。在默念过程中尽量运用想象，这样自我暗示的效果会更佳。

（3）学会用自我分析法分析自己的一些非理性的观念，以逐步消除偏执型人格障碍的异常人格特征。例如，每当自己出现对领导或同事有敌意的念头时，患者就要分析一下自己是不是卷入了“敌对心理”的漩涡之中。又如，每当自己出现对领导、同事不信任的想法时，患者就要分析一下自己是不是卷入了“信任危机”之中。如果是，就要提醒和警告自己，不要再沉浸于“自我信任”之中了。要知道世界上除了坏人还存在着好人、朋友，对好人、朋友应该持信任的态度；领导、同事是可以信赖的，不应该对他们存在不信任的态度，否则，就会失去领导、同事的信任。通过这种自我分析非理性观念的方法，可以阻止患者的偏执行为。有时患者自己不知不觉地表现出了偏执行为，事后应抓紧分析当时的想法，找出当时的非理性观念，然后再加以改造，以防下次再犯。

如果使用上述方法尚不能很快奏效，可以求助医生辅以药物治疗。偏执型人格障碍使用抗精神病药有一定疗效。但药物的使用必须听从医生的指导。在使用药物治疗的同时，最好结合上述心理调适方法。

（二）强迫型人格障碍

张老师，28岁，是一位工作认真细致、严谨的教师。近段时间以来，由于在一次全园的活动评比中成绩不佳，所以与他人交往时，她总害怕被别人笑话，认为别人都在议论自己。后来，她总担心孩子们会闯祸，放心不下。最近一段时间，不知怎么了，她总是想着自己是否渴了或者饿了，椅子该不该坐，泡在盆里的衣服是现在洗还是过一会儿洗，出了门要反复看门是否关好、锁好，等等。这是怎么回事呢？

1. 强迫型人格障碍的表现

强迫型人格障碍是一种较常见的人格障碍，据调查，这种类型人格的人数占心理障碍总人数的5%。

《中国精神疾病分类方案与诊断标准》中将强迫型人格障碍的症状表现描述为：

（1）做任何事情都要求完美无缺、按部就班、有条不紊，因而有时反而会影响工作的效率。

（2）不合理地坚持别人也要严格地按照他的方式做事，否则心里会很不痛快，对别人做事很不放心。

（3）犹豫不决，常推迟或避免做出决定。

（4）常有不安全感，反复考虑计划是否妥当，反复核对检查，唯恐疏忽和差错。

（5）拘泥于细节，甚至生活小节也要“程序化”，不遵照一定的规矩就感到不安或要重做。

（6）完成一件工作之后常缺乏愉快和满足的体验，相反容易悔恨和内疚。

（7）对自己要求严格，过分沉溺于职责义务与道德规范，无业余爱好，拘谨吝啬，缺少友谊与交往。

患者状况至少符合上述七项中的三项，方可诊断为强迫型人格障碍。

强迫型人格的最主要特征就是要求严格和追求完美，容易把冲突理智化，具有强烈的自制心理和自控行为。这类人在平时有不安全感，对自我过分克制，过分注意自己的行为是否正确、举止是否适当，因此表现得特别死板，缺乏灵活性。责任感特别强，往往用十全十美的高标准要求自己，追求完美，同时又墨守成规。在处事方面，过于谨小慎微，常常由于过分认真而重视细节、忽视全局。怕犯错误，遇事优柔寡断，难以做出决定。他们的情感焦虑、紧张、悔恨时多，轻松、愉快、满意时少。不能平易近人，难于热情待人，缺乏幽默感。由于对人对己都感到不满而易招怨恨。

强迫型人格障碍的形成一般在幼年时期，与家庭教育和生活经历直接相关。父母管教过分严厉、苛刻，要求子女严格遵守规范，决不准自行其是，造成孩子做事过分拘谨和小心翼翼，生怕做错事而遭到父母的惩罚，做任何事都思虑甚多，优柔寡断，并慢慢形成经常性紧张、焦虑的情绪反应。一些家庭成员的生活习惯，也可能对孩子产生影响，如一些医生家庭，由于过分爱清洁，对孩子的卫生特别注意，容易使孩子形成“洁癖”，产生强迫性洗手等行为。

另外，幼年时期受到较强的挫折和刺激，也可能产生强迫型人格。还有研究表明，强迫型人格与遗传也有关系，家庭成员中有患强迫型人格障碍的，其亲属患强迫型人格障碍的概率比普通正常家庭要高。

强迫型人格障碍的形成与社会因素也有密切关系。如工作过分紧张，要求过于严格，生活事件给患者带来沉重打击等均可能是发病的诱因。性格特征也有重要作用，如主观任性、急躁好强、过于追求完美、墨守成规、固执刻板、缺乏判断力等，也可能会导致强迫型人格障碍。

一般来说，强迫型人格障碍受强烈刺激或持续的精神压力的影响，容易导致强迫性神经症。

2. 强迫型人格障碍的调适

对强迫型人格障碍的调适，主要应采用心理疗法。下面介绍两种具体的方法：

（1）顺其自然法。由于强迫型人格的主要特征是把冲突理智化，过分压抑和控制自己，因此强迫型人格障碍的纠正主要是减轻精神压力和放松，最有效的方式是遇事顺其自然，该怎么办就怎么办，做了以后就不再去想它，也不要对做过的事进行评价。比如担心门没有关好，就让它没关好；课桌上的东西没有收拾干净，就让它不干净；字写得别扭，也由它去，与自己无任何关系。开始时可能会由此带来焦虑的情绪反应，但由于患者的强迫行为还远没有达到强迫症的无法自控的程度，所以经过一段时间的训练，症状是会消除的。

（2）当头棒喝法。强迫型人格障碍患者把行动的自主权交给了“规矩与习惯”，把自己活泼的心智锁进了牢笼。因此要砸开锁链，打开牢笼，让被囚禁的自由思想主宰自己的行为。当头棒喝便是打开牢笼的妙法。所谓“棒喝”是借用禅宗中的“德山棒，临济喝”的说法。德山常以大棒惊吓学生，使执迷不悟的学生顿然开悟，而临济则以模棱两可的问题问学生，学生犹豫不能作答时，临济则大喝一声以示警醒。那些弟子为何会执迷不悟呢？原因是他们过分依赖自己头脑中呆板的教条。当一个人过分执着于教条与规矩时，他对活生生的多变的现实就常会感到无所适从。强迫型人格障碍患者已经习惯于按教条办事，总是按“应该如何，必须如何”的准则去做，在某种程度上像个机器人。要改变这种状况，就应努力寻找生活中的独特事件，让这些独特事件带来新的观念和解决问题的新思路、新方法，以起到“当头棒喝”的作用，改变以往墨守成规、循规蹈矩的习惯。

另外，自己也可以制造一些“棒喝”，当感到将要不能控制某些行为时，对自己大喝一声“停”或“不”，都是有效的，这时人的思维、行为的习惯被打乱，自我意识就能起作用了。如自己对他人办事不放心，迟疑着不肯把事情交给手下人去办时，就可以对自己大喝一声“当断则断”，在那一瞬间抛弃所有的顾虑，把任务很快下达给下级。

有时发现自己叫停的力量不足，还可以请自己的好朋友、同事甚至领导在必要时对自己施以“棒喝”。例如，当一件工作即将收尾时，由于自己追求完美，迟迟不能完工，这时帮助者不妨用严厉的口吻大喝一声“当断则断”，一定会有效果的。

（三）癔症型人格障碍

某幼儿园的林老师，工作能力很强，她所带的班级各项活动均名列前茅，就是有一点令其他老师们很反感，她总喜欢在同事们面前高谈阔论，有意无意地标榜自己、表现自己、吹嘘自己，说自己家庭条件如何好、自己如何优秀、如何得到了众多男子的青睐，有时为了引起其他老师的注意，竟进行戏剧化表演，哭笑唱跳样样都来。平时生活中，她十分活跃，情感变化频繁，富于幻想，以自我为中心，唯我独尊，与同事关系疏远，十分要好的同事几乎没有，有时同事的一句客观评语就会使她痛哭流涕、萎靡不振，但她从不吸取教训，依然我行我素。

1. 癔症型人格障碍的表现

过于做作、夸张，通过戏剧性的行为引人注意；受暗示性强，独立性差，高度自我中心；情感易变化，对人感情淡漠。

2. 癔症型人格障碍的调适

一般来说，癔症型人格障碍会随着患者年龄的增长、心理的逐渐成熟而症状减轻。但不能因此而认为它可以不治而愈，因为患者常不能知觉到自己的真正感觉是怎样的。因此，一定要让患者学会控制自己，学会情绪调节。下面介绍几种调节癔症型人格障碍的方法：

（1）运用反省法来调节癔症型人格障碍。患者平时要学会经常反省自己的言行是否失常。睡觉前冷静客观地回想一下自己一天来的各种表现，最好能站在他人的立场上想想自己的这些言行他人能否接受，自己这个时候为什么要采取这种行为、说这些话，如果是自己听了是否也会发怒，等等。通过冷静分析和思考这些问题，找出自己人格中的缺陷，并有意识地加以控制和调适。如果自己反省感到困难，可以采取如下方法进行控制：

首先，可以寻求心理医生和心理辅导老师的帮助，反省自己的人格缺陷。在医生和老师的提醒下，认识癔症型人格障碍的特点及其在自己身上的具体表现，从而提高反省自己言行的积极性和主动性，正视自己所患的人格障碍并自觉主动地加以调适。其次，可以通过闭目静思来帮助自己反省。癔症型人格障碍患者难以安静下来，而反省必须在安静的心态下进行。因此，患者要慢慢养成闭目静思的习惯。这样就易于控制自己的情感，反省自己的言行，认真思考诸如下面的问题：自己是否比别人更想引人注意？自己的情绪是否带有戏剧性色彩？自己是否常想成为话题的中心者？自己是否有反复无常的感情？自己是不是追求那种稍纵即逝的人际关系？自己是否喜爱那种迅速变化的生活？自己是否持续地寻求或要求他人给自己以安慰、赞同、表扬？等等。可通过坐禅来控制自己的情感，反省自己，客观地了解自己和正视自己。

（2）通过自我暗示法来调节癔症型人格障碍。患者可以经常用一些暗示语来暗示自己，例如“不要太激动”“不要以自我为中心”等，以此来暂时控制自己的情绪，也可以运用较长的暗示语来暗示自己，以达到相对稳定的情绪，例如“自己个性中最大的弱点就是以自我为中心。在这种心态下，自己的行为就会一切以自我为中心，就会为了引人注目而夸张做作，就会为了满足自己的需要而不体谅别人，就会过分追求新鲜刺激而感情多变，使别人无所适从……这样做就会影响自己与别人的交往，自己就会被别人疏远。因此，自己一定要克服这种毛病，有决心和能力克服这个毛病。以后自己再也不唯我独尊了，会把自己当作集体中的一员，会关心别人、热情地对待别人，再也不要弄把戏去引人注意了，也不再感情用事，也不会为了一味追求新鲜刺激而朝秦暮楚，使他人不得安宁，无所适从……”患者完全可以根据自己的人格缺陷，编制有效的暗示语暗示自己，坚持经常性的暗示，会有很好的效果。

（3）运用升华法来调适癔症型人格障碍。癔症型人格障碍患者往往都有一定的艺术表演才能，演技逼真，而且具有一定的吸引力和感染力。但是，他们这种逼真的演技主要是为了表现自己，引起他人注意，因此成了癔症型人格障碍的异常人格特征之一。如果患者把自己的这种演技转移到文艺表演中，使自己原有的潜在能量释放到文艺表演中，那么，这种异常的人格特征就会在文艺表演中得到升华。事实也表明，许多艺术表演都需要一定的夸张成分。许多演员为了使观众能沉浸剧情之中，都充分运用了自己的表情、语言去打动他们。而癔症型人格障碍患者在这一点上恰恰大有用武之地，让他们投身于表演艺术是一种很有效的调适障碍的方法。

（4）通过劳逸结合法来调适癔症型人格障碍。患者要学会合理地安排学习、活动、生活等的时间和强度，注意劳逸结合，保证大脑得到充分的休息，增强对精神刺激的耐受力。

同时，要尽量避免外界刺激引起的内心冲突和矛盾，减少烦躁不安，努力克制和克服不稳定的情绪，使自己的情绪保持相对稳定。

（四）分裂型人格障碍

某幼儿园保教主任，带班经验丰富，业务能力强，但是性格较孤僻，较少有亲密的朋友或知己，总是独来独往。除了业务指导和上课的时候还表现出亲和力，其他时间他很少和其他老师及园里的孩子们打招呼，面部表情相当冷漠，对他人的评价也漠不关心。在一次同事评教卡片上，有老师对他写下了这样的评语：业务能力强，但缺乏工作热情，冷漠、孤独，因此感觉他是不可亲近甚至可怕的。

1. 分裂型人格障碍的表现

分裂型人格障碍开始于成年早期，在各种环境背景下普遍表现出对社会关系冷淡，情绪经验与情绪表达的范围狭窄。其具体的心理和行为特征表现为以下几点：

（1）不要求也无法享受与他人的亲密关系，即便是家庭中的成员。

（2）几乎总是选择孤独的生活。

（3）有强烈的情绪经验，如愤怒、兴奋。

（4）极少表现出对他人的欲望。

（5）对他人的赞美与指责漠不关心。

（6）除近亲外，很少有亲密的朋友或知己。

（7）只能表达相当有限的感情，如疏远、冷漠，很少有笑容或点头等面部表情或行为姿态。

患有分裂型人格障碍的人，行为怪异而偏执，为人孤独而冷淡；对人对事缺乏起码的关心；呈现出明显的社会化障碍，几乎没有朋友，没有社会往来，对别人给予的批评或鼓励毫无感觉；在表达攻击和仇恨上显得无力；在面对紧张和遇到灾难时，又是超然的、满不在乎的。

2. 分裂型人格障碍的调适

有分裂型人格障碍的幼师在教育教学工作中往往会遇到一定的困难。在幼师主导的师生关系中，有分裂型人格障碍的幼师往往对交往适应不良。因此，作为师生关系的主导者，幼师要从日常教育生活的点滴做起，认识到分裂型人格障碍的危害，努力克服困难，转换角色。分裂型人格障碍的调适方法如下：

（1）认知改变法。有分裂型人格障碍幼师要认识到幼师这一职业对个性特点的要求，改变认知，才能改变行为。

（2）行动法。“去行动不一定带来快乐，但不行动则绝无快乐！”这是关于行动法的一句经典名言。因此，有分裂型人格障碍的幼师在认识到孤独、冷漠对教育工作的危害之后，要以积极的心态去改变自己的行为模式，从一点一滴做起。如每天都要称赞自己一次，每天都要对自己微笑一次。当自己做成功一件事时，要把自己的感受积极地说给别人听。从小事做起，慢慢就会变成一个热情、友好、关心他人的好老师。

（五）爆发型人格障碍

张老师，32岁，某幼儿园教师。在一次绘画课上，一个孩子在座位上给张老师画了一幅画，上面写着：老虎。这幅画被张老师发现后，他非常生气，爆发了强烈的愤怒情绪和冲动行为，当场斥责了这个孩子并把她叫到办公室，对其推搡不止。这件事在幼儿园引起了强烈反响。后来，张老师又因为孩子上课说话、入园迟到等事，在班级里表现出强烈的情绪。虽然事后张老师对发作时的所作所为感到懊悔，但之后又总是犯同样的错误。孩子们都说，张老师是个会随时爆炸的炸弹，可得躲着点。

1. 爆发型人格障碍的表现

爆发型人格障碍常有以下表现：情绪不稳定，常因微小的精神刺激而突然爆发出非常强烈的愤怒情绪和冲动行为，而且自己完全不能控制。这种突然出现的情绪和行为的变化与平时不同。在平时，他们的情绪和行为是正常的，会对发作时的所作所为感到懊悔，但又不能防止再次发生。

2. 爆发型人格障碍的调适

爆发型人格障碍的调适方法如下：

（1）学会宽容。一方面，要学会宽容自己所犯的错误，认识到人无完人，只要以后不再出现类似的错误，就是人生的进步。另一方面，也要学会宽容别人。世界上没有完美的人，不要总是对别人抱有过高的期望。

（2）学会适应。在很多情况下，我们需要适应所处的环境。比如你喜欢清静，在学校里住宿很想一个人一个房间，但客观条件不允许。多数情况下，你只能改变自己的习惯，以适应不断变化的环境。

（3）学会放松。多数不良的情绪都伴随着紧张，因此学会放松可以控制多种不良情绪。放松的方法有很多，有心理放松和生理放松两个方面。心理放松通过心理活动达到身体放松的目的，比如听相声、笑话、幽默故事等，使自己心理上变得轻松。学会幽默是心理放松最好的方式。心理放松还可以通过自我暗示或他人暗示来实现。典型的心理放松法的主要指导意念是：“我非常安静，我的右（左）手或脚感到很暖和，心跳很平稳、有力，呼吸非常轻松，腹腔感到很暖和，前额凉丝丝的，很舒服。”我们可以按上述意念引导自己放松。生理放松主要是根据神经系统的兴奋与抑制相互诱导的规律来进行。通常是先让欲放松的部位达到一种较高的紧张度，维持一段时间，然后让这部分肌肉被动放松。

（4）学会宣泄。不良情绪累积到一定程度后，采用一般的方法很难控制，这时与其堵住它，不如宣泄。痛哭一场，抑郁的情绪就可以大大缓解。研究表明，在哭泣后，心跳过速、血压偏高均有不同程度的减轻。眼泪中含有可使血压升高、消化不良、心率加剧的化学物质，把这些物质排出体外，有利于身心健康。因此，大哭可以显著化解抑郁等消极情绪所带来的不良影响。合理的宣泄也可以减轻暴怒带来的消极后果。比如，有的企业会设置一些“出气室”，里面放一些管理人员的橡皮人模型，员工可以在此出气，以发泄心中的不满。一般人也可以通过角色扮演游戏、看拳击等来发泄心中的怨气，以控制不良情绪在不该出现的时候出现。

（5）转换环境。有些不良情绪是由特定的环境因素引起的。如果这些因素不消除，人们就无法控制不良的情绪，这种情况下可以考虑转换环境，比如心情烦躁时可以到山清水秀的地方去旅游。如果一个地方有很多能引起伤心回忆的事物，为了避免受刺激，当条件许可时，可以换一个生活和工作环境。

总之，有爆发型人格障碍的幼师可以根据情绪产生的原理，以及自身的实际情况，灵活采用多种有效的方法，控制不良情绪体验，提高心理健康水平，改善生活质量。

知识点6　职业倦怠

学前思考

在学习之前，我们先来思考以下几个问题：

1. 你最近在工作中是否有觉得疲劳、决策能力降低、缺乏工作热情的情况？

2. 如果有上述情况，你觉得是什么原因引起的？如果没有，你觉得应该如何保持对工作的热情？

一、职业倦怠的概念

职业倦怠也称“职业衰竭”“职业枯竭”“工作倦怠”等，是指个体长期处于工作压力情境下所出现的躯体、情感和认知的综合衰竭状态。这一概念最早由弗登伯格提出，用以说明在服务性职业人员中存在的一种因工作时间过长、工作量过大、工作强度过高而疲惫不堪的状态，即个体因不能有效地缓解工作压力而产生的情绪上的疲惫感、当事人的消极态度以及认为自己在工作中再也不能取得成就的挫折感。

二、职业倦怠的表现

个体感到职业倦怠的时候，往往伴随着强烈的身体反应，认知、情绪和行为都会发生相应的变化。

（1）身体表现：疲劳，肌肉紧张，颈疼，头痛，胃溃疡，高血压，结肠炎等。

（2）认知表现：决策能力降低，思维刻板，不能创造性地开展工作。

（3）情绪表现：责备，愤怒，焦虑，压抑，自卑，无助等。

（4）行为表现：厌倦工作，不负责任，逃避社会交往。

众多研究表明，我国幼师面临着较大的心理压力，职业倦怠的症状已经很明显。特别是伴随着当前教育改革的不断深入与幼师专业化进程的日益推进，幼师面临着新旧教育观念的转换，以及新的课程、教学理念的建构，如果不能妥善应对，改革给幼师带来的新的机遇很可能成为幼师新的压力源。而幼师编制紧张、某些农村及私立园的工资拖欠、行政管理刻板等问题，又在很大程度上挫伤了幼师的工作积极性，这些都使得我国幼师职业倦怠现象日益凸显。

幼师可以通过下面的小测试来了解一下自己职业倦怠的程度。

小测试

1. 你是否感觉工作负担过重，常常感觉难以承受，或有喘不过气来的感觉？

A. 经常　　B. 有时候会　　C. 从来不会

2. 你是否感觉缺乏工作自主性，往往是领导让做什么就做什么？

A. 经常　　B. 有时候会　　C. 从来不会

3. 你是否认为自己待遇微薄，付出没有得到应有的回报？

A. 经常　　B. 有时候会　　C. 从来不会

4. 你有没有觉得受到的待遇不公平，常常有受委屈的感觉？

A. 经常　　B. 有时候会　　C. 从来不会

5. 你在工作上是否常常发生与领导不和的情况？

A. 经常　　B. 有时候会　　C. 从来不会

6. 你是否觉得自己和同事相处不好，有各种各样的隔阂存在？

A. 经常　　B. 有时候会　　C. 从来不会

7. 你是否经常在工作时感到困倦疲乏、想睡觉，做什么事情都无精打采？

A. 经常　　B. 有时候会　　C. 从来不会

8. 你是否以前都很上进，而现在却一心想着去度假？

A. 经常　　B. 有时候会　　C. 从来不会

9. 你是否在工作上碰到一些麻烦事时急躁、易怒，甚至情绪失控？

A. 经常　　B. 有时候会　　C. 从来不会

10. 你是否在吃工作餐时感觉没食欲，嘴巴发苦，对美食也失去了兴趣？

A. 经常　　B. 有时候会　　C. 从来不会

11. 你是否对别人的指责无能为力、无动于衷或者消极抵抗？

A. 经常　　B. 有时候会　　C. 从来不会

12. 你是否觉得自己的工作不断重复而且单调乏味？

A. 经常　　B. 有时候会　　C. 从来不会

结果分析：

把各题得分相加，选 A 得 5 分，选 B 得 3 分，选 C 得 1 分。测试结果参考以下标准：

12～20 分：很幸运，你还没有患上职业倦怠症，你的工作状态不错，继续努力。

21～40 分：你已经开始出现职业倦怠症的前期症状，要警惕，请尽快调整，你需要为自己的职业状况进行反思和规划，以提升你的职业竞争力。

41～60 分：你很危险，你对现在的工作几乎已经失去兴趣和信心，工作状态很不佳，长此以往极不利于个人的职业发展，最好尽快向职业规划方面的专家求助。

三、幼儿教师的职业倦怠状况

幼师由于职业特性及工作时间过长、工作量过大、工作压力过强等，常常在工作中表现出生理、心理和行为上的不同程度的异常，使研究者意识到幼师中也存在职业倦怠，而且幼师还是职业倦怠的高发人群。幼师职业倦怠就是指幼师不能有效解决工作压力的一种反应，是幼师在长期压力体验下产生的情绪、态度和行为的衰竭状态。幼师职业倦怠不仅影响着幼师的身心健康，而且影响着幼儿园的教育质量和幼儿的未来发展。

（一）幼儿教师职业倦怠的表现

幼师在经历职业倦怠时，主要有以下几种心理或行为表现。

1. 精力耗竭与精神萎靡

处于职业倦怠状态的幼师常常表现出疲劳感，性急易怒，容忍度低；在情绪上缺乏热情与活力，有一种衰竭、无助感，且对诸如早晨必须起床上班等事情表现出恐惧或沮丧；有时还会感到无聊、空虚，觉得自己无法给他人以任何东西，并对生活感到悲观。情绪上处于疲惫状态的幼师对幼儿也会持一种消极、讥讽的态度。

2. 人格缺失与情感的冷漠

幼师的职业倦怠还表现为减少接触或拒绝接纳幼儿；将幼儿视作没有感情的事物；用标签式语言来描述幼儿，用带有蔑视色彩的称谓称呼他们。不仅如此，他们对同事也常常持多疑妄想的态度，与同事的关系紧张。

3. 成就感降低

职业倦怠不仅对幼师的职业工作造成伤害，也会影响幼师本人的身心健康。这种影响主要表现为幼师工作热情的丧失，情感的冷漠、疏离，职业热情和成就感的丧失，甚至是职业生涯的终结。当较低的成就感与前两种职业倦怠的感觉混合在一起时，就会大大减弱幼师工作的驱动力，让他们始终处在一种自我否定的情绪里。

4. 生活质量下降

经历着职业倦怠的幼师通常在个人生活质量方面都处于较低的水平，他们经常请假，对于教学也很少投入精力去努力提高。相反，他们会花大量时间去寻找新的就业机会并幻想自己突然拥有某种改变现状的“神力”或是天赐的好运。在情绪和健康方面，他们易于发脾气，经常控制不住自己去诋毁他人或一些事物，而且会经常陷入压力过大导致的失眠等亚健康状态。

（二）幼儿教师职业倦怠的消极影响

1. 严重损害幼师身心健康与幼师队伍的稳定

职业倦怠是工作压力引起的以身心极度疲惫为主要标志的综合反应，因而幼师一旦陷入职业倦怠，便会感受到自身生理与心理资源的衰竭，在生理上、心理上都会产生一系列的变化。职业倦怠会使幼师在情绪上受到困扰，并使不良的情绪逐渐发展为一种消极的心境，严重损害和威胁着幼师的生理和心理健康，使个体的生活质量下降。有关调查显示，大约有53%的幼师是因为遭遇心理压力导致的健康问题而放弃了他们的职业，幼师队伍的稳定由此也受到影响。

2. 严重影响幼师的教学与幼儿的发展

陷入职业倦怠状态中的幼师，身心健康状况明显下降，所表现出来的情绪衰竭、去人性化及自我的过低成就感不仅影响工作，使幼师难以完成教学任务，还会影响幼儿的情绪。

3. 严重影响幼师专业发展

处于职业倦怠状态的幼师常因对工作厌倦而丧失了追求专业发展的自我更新意识，对工作敷衍了事、得过且过，缺乏专业发展的内在动力，因而难以将各种外在的促进其专业发展的机会和可能性转化为自身的专业发展，从而影响了其职业发展。

（三）幼儿教师职业倦怠产生的根源

幼师是职业倦怠的高发人群已是不争的事实，幼师职业倦怠所带来的消极影响必然会影响幼儿园的教育质量。因此，找出幼师职业倦怠产生的诱因，提出相应的对策，是十分必要的。幼师职业倦怠产生的诱因有客观原因和主观原因两个方面。

1. 幼儿教师职业倦怠产生的客观原因

（1）幼师的职业压力。

这是幼师因职业所赋予的要求、期待和职责所感受到的压力。幼师不仅要有扎实的基础理论知识和专业素养，还要有较强的解决问题的能力及高尚的道德情操。幼师工作所呈现的时空的广延性，使幼师的工作量成倍增加。由于受教育者来自不同的家庭，处于不同的社会背景，并且其个性呈现出多样化特征，行为表现各异，因此管理难度较大。

（2）信息化社会的发展给幼师角色造成的冲突。

在信息化的今天，幼师角色呈现出多元化特征。幼师不仅在家庭、幼儿园、社会中同时扮演多种角色，而且在与幼儿的交往中也要扮演多种角色，如家长的代理人、知识的传授者、班级的管理者、心理医生、孩子的朋友和知己等。社会赋予幼师一个理想的角色，对其行为有较高的期望，幼师必须不断根据具体情况转换角色，这不但容易使幼师出现角色混乱和迷失，也容易引起幼师心理上的紧张和疲劳。

（3）教育“场域”的压迫性力量。

“场域”这一概念现已被广泛用于教育学领域，幼儿园教育系统作为一个独立的场域，具有一般性场域的基本特征。首先，教育系统这一场域是一个独立的社会空间，具有其自身的独立性，有着自己独特的话语体系，遵循着自身发展的规律。其次，教育场域中存在着与其他领域截然不同的基本要素，并由此构成了教育系统独特的、复杂的客观关系，如教育者与受教育者的关系、管理者与被管理者的关系、组织与个人的关系等。再次，教育场域中教师、幼儿、家长、教育管理者等要素间的相互制约，使教师与幼儿之间、教师与家长之间、幼儿与园所之间以及管理者与被管理者之间不断发生着矛盾与冲突。

（4）幼师群体的影响。

幼儿园是一种复杂的社会组织，它对个体行为既有助长作用，又有削弱作用。组织氛围、群体压力、群体凝聚力等是影响幼师职业倦怠感的重要因素。在工作中，由于晋级、奖金分配、评职称和评优等原因，幼师所在群体可能会出现不和谐、人际关系紧张等问题，常常使幼师产生压抑感，给幼师带来了不良情绪。

2. 幼儿教师职业倦怠产生的主观原因

（1）幼师对“完美形象化身”的错误认知。

有些幼师不自觉地将真实世界中的个人形象和理想中的幼师形象等同起来，对自己产生了一种不切实际的过高期望。紧张和焦虑的身心高负荷运转加速了职业倦怠的产生，一些幼师因为对“完美形象化身”的错误认知而讳疾忌医，不承认工作中可能遇到的沮丧和失意，拒绝寻求积极的心理支持。

（2）幼师的人格特征。

幼师的人格特征会对教育活动和教育对象产生巨大的影响。具有优良人格特征的幼师，如兴趣广泛、性格活泼开朗、机智严谨、果断刚毅、幽默风趣等，不易产生职业倦怠。相反，极端挑战性、争强好胜、力求把握环境、时间观念强、急躁等人格特征与幼师职业倦怠有较大的相关性。幼师一般都比较强调自我价值，强调自我发展，对自己的优缺点缺乏准确的认识和客观的评价。这些不良人格使幼师面对工作压力和挫折时不能采取适当的策略应对。

（四）幼儿教师如何走出职业倦怠

在我国，幼师职业倦怠的现象已大量存在，这已严重影响了幼师的身心健康及专业成长。为了缓解这种状况，研究者们提出了以下几点建议。

1. 全社会努力形成良好氛围

全社会要形成“尊师重教”的良好氛围，营造能够减轻幼师职业倦怠的社会环境。我国自古就有良好的尊师重教传统，随着知识经济信息化时代的到来，我们更要把“尊师重教”落到实处。在现阶段亟须从法制建设上予以保证，切实提高幼师的待遇和经济地位，使其真正体会到从事幼师职业带来的光荣感和自豪感；同时强化幼师的专业化与职业化建设，提高幼师的专业水平，减少变革中的不确定性。在幼师专业发展中对幼师的专业任务和专业发展目标有一个较为清晰的界定，使幼师在专业发展中对自己要做什么、应该如何做以及采取某种行为有可能产生的结果有一个比较清晰的认识，以减少幼师的职业倦怠。

2. 幼儿园创设良好的工作环境

（1）创设良好的幼师专业发展环境。

园所领导应发挥核心作用，通过种种努力将全园的幼师队伍凝聚成一股力量，减少幼师队伍内部不必要的内耗，创造园所内部民主、和谐、宽松、友好、上进的幼师团体氛围。定期对幼师开展职业生涯规划的辅导，明确发展目标和实施步骤。另外，长期面对幼儿的问题行为和发展困难，容易使幼师产生厌倦感、压力感，在教育教学过程中，幼儿出现学习困难和问题行为在所难免，园所应通过探索有效的模式与途径加强家长、幼儿和幼师三方的交流和沟通，增强家长和幼儿对幼师职业倦怠危害性的认识，从而改善三方关系，减缓三方关系紧张给幼师带来的压力。这种“场域”压力的减轻，可以使幼师在较为愉快的气氛中处理教育教学问题，提升教育教学的效果。

（2）加强幼儿园文化建设，建立良性支援机制。

在一所幼儿园中，组织文化与人际网络往往很复杂，包括各种有形的和无形的、正式的和非正式的组织结构与人际关系。幼师在这些人际网络中与其他人员的交往互动，即形成一种园所文化，而这种园所文化会影响幼师的专业行为与工作士气。幼儿园应加强园所文化建设，建立良性支援机制，当幼师遇到困难时，同事或领导能够及时给予帮助。

3. 幼师本人的努力是解决之本

（1）幼师建立正确的自我认知。

幼师对自身过高的期望是造成职业倦怠的首要个人因素。自我期望值越高，与现实的冲突越激烈，产生的压力也越大。因此，幼师个人应学会适当调低对自我的期望值。幼师应清醒认识到倦怠源于自己所遇到的压力，而且职业倦怠也不是在职业生涯中只发生一次的现象，它可能重复出现。幼师要认识到自身现有的素质能力水平、幼儿园工作环境和社会发展程度等因素都会对个人的发展程度加以制约，这些因素中很多是自己无法控制的，应当结合个人、幼儿园及社会等发展的实际情况及可能趋势为自己设定适当的目标。此外，还应把提高自身的知识水平和专业素质作为关键，自身的素质越高，所能控制的因素就越多，应对教育教学棘手问题的信心就越大。

（2）正确认识职业倦怠，积极寻找缓解的方法。

职业倦怠来源于幼师工作上的压力。因此，幼师应更好地、有条不紊地组织自己的工作，使之更有效率并不断发挥自己的专业知识，提高自己的专业水平，从而使自己的工作能力更强；平时多和同事沟通、交流与合作，遇事多与别人商量；加强身体锻炼，劳逸结合，放松绷紧的神经，增强自己的心理承受能力和耐压能力，改变自己的认知行为，培养良好的个性品质。当在工作中遇到压力时，幼师应敢于面对，用乐观的态度对待。对于已出现倦怠症状的幼师，在自己有意识地放松调整的过程中，也可以向亲人、朋友倾诉，向医生咨询，以缓解职业倦怠感。

4. 建立社会支持网络，对幼师职业持合理期望

首先，要对幼师职业形成良好的公共信任氛围。因为公共信任对于幼师的职业抉择与工作表现有着深刻的影响。在一种公共信任、支援的氛围中，幼师与幼儿园都会表现出信心与干劲，而这会使幼师获得高度的自尊感，并且把教学视为一种可追求的事业，从而对其抱有积极、肯定的看法。相反，如果幼儿园中存在频繁的抨击与批评，必然会使幼师在评价自身时受到这种不良影响的冲击，极易导致幼师的教学士气低落及产生倦怠感，进而对自己的职业选择产生怀疑，对自己作为幼师的未来表示担忧。

其次，要切实落实“尊师重教”，如在幼师待遇方面要予以保障。再次，幼师要乐交善处，调节自我心理状态，改善人际关系，幼师的工作与社会、家庭、园所、同事、幼儿密切相关，能否协调好这些关系，直接影响幼师教育教学工作能否顺利进行，不协调的人际关系还将导致幼师身心疲惫，陷入倦怠之中。幼师必须乐于交往、学会交往，要敢于面对现实，积极调整自己的行动，主动适应；努力做到宽以待人、诚信待人并与他人保持良好接触和交往。

最后，幼师要敢于走出校园，走出自我的小圈子，通过交往，诉说各自的心情，增进彼此的友谊，满足各自的心理需要。同时应注意克服交往中存在的自负、忌妒、多疑、自卑、羞怯、敌视等心理障碍，广泛接触社会，参与社会活动，建立广泛的社会联系，从而营造良好的人际关系。

5. 通过心理训练和心理疗法来缓解压力

当幼师发现自己有职业倦怠的征兆时，应勇于面对现实，正确认识职业倦怠的

症状，思索自己的压力来源，主动寻求帮助，设法加以化解。心理学专家俞国良也建议，幼师要提高自己的压力应对技术。他建议采取以下三种比较常见的提高压力应对能力的方法：放松训练、时间管理技巧、认知重建策略和反思。

放松训练既是一种心理治疗方法，也包括各种身体锻炼、户外活动、培养业余爱好等，通过这些活动来舒缓紧张的神经，使身心得到调节。

时间管理技巧可以使生活、工作更有效率，避免过重负荷，具体包括对时间进行组织和预算、对目标按优先次序进行区分、限定目标、建立一个现实可行的时间表、每天留出一定时间给自己等。

认知重建策略和反思包括调整对压力的认识和态度，学会避免某些自挫性的认识，为取得的部分成功表扬自己。通过对教学经验的反思来提高教学能力，幼师可调整自己的情绪和教学行为，促进心理健康。具体来说，反思训练包括每天记录自己在教学中获得的经验、心得，并与专家相互观摩彼此的课堂教学，随后与对方交换看法，对课堂上的问题进行调查研究等。

思考练习

1. 引发幼师适应不良的因素有哪些？该如何调整？
2. 心理问题容易诱发哪些疾病？
3. 幼师人格障碍的类型有哪些？怎样判断幼师是否具有人格障碍？
4. 怎样判断幼师是否出现了职业倦怠？如果出现了，应如何调整？

第四章

情绪与心理健康

案例引入

阿强前两天因为做积木游戏时没有像其他小朋友一样搭出好看的房子，心里很难过。他一直不擅长这个游戏，于是觉得自己比别的小朋友笨，他开始垂头丧气，故意远离班里的小朋友，一个人躲在角落，心情很沮丧。

酷妹把她的朋友小顽子心爱的玩具弄丢了。那是小顽子帮爸爸妈妈做了很多家务才换来的玩具，现在却被酷妹弄丢了，小顽子真的很生气。可是酷妹是她最好的朋友，怎么可以对她生气呢？生气是不好的，万一失控，不晓得会不会伤害到其他人呢？而且酷妹也许就不再跟她做朋友了，所以小顽子告诉自己："算了！丢了就丢了，生气也无济于事。"虽然这样，她还是心里有疙瘩，无法再像以前一样对待酷妹。

上面两个故事中呈现出来的是两个幼儿对情绪不同的态度与处理方式，比较有代表性。如果主角换成是你，你会有什么感受？你会怎样处理你的情绪呢？有些人可以很好地控制自己的情绪，而有些人就会完全被情绪所控制，当负面情绪产生时，就任由情绪牵制他们的思想、感受和行为。

基于此，本部分内容重点研究情绪管理中的两个问题：

1. 情绪会对人产生什么影响？
2. 情绪的管理策略有哪些？

学习目标

学习完本章内容后，你将能够：

- 了解情绪会对人产生哪些影响；
- 解释情绪与身心健康的重要关系；
- 了解幼师该如何应对不良情绪并用什么策略管理情绪，从而走出困境。

思维导图

以下是本章内容的整体框架以及学习这部分内容的思维过程规划。此图可以帮助你从整体上了解本章的知识结构和学习路径，包括不良情绪有哪些、幼师如何调节自己的不良情绪等。请你仔细品读和理解，帮助自己建立对本部分知识的整体印象。

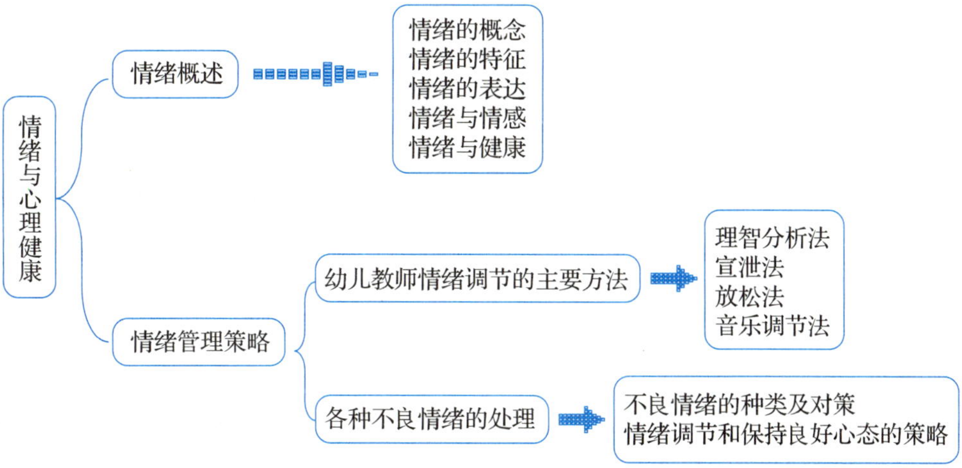

看完上面的思维导图后，你是否已经对本章所要学习的内容以及如何学习这些内容有一个初步的整体印象了呢？接下来，我们在这个整体框架的指引下逐一学习每个知识点的具体内容。

知识点 1　情绪概述

学前思考

在学习之前，我们先来思考以下几个问题：

1. 什么是情绪？

2. 情绪是主观体验还是对客观现实的反映？

一、情绪的概念

情绪涉及生活的很多方面，十分复杂，用概括的方式很难给出情绪的定义，因此心理学家一般把情绪看作由许多关键成分所组成的复杂心理现象。由此可以将情绪定义为一种复杂的心理现象，它包含情绪体验、情绪行为、情绪唤醒和对情绪的刺激等复杂成分。情绪也是指个体受到某种刺激时产生的一种身心激动状态，它是人脑对客观事物是否符合人的需要而产生的一种态度体验。虽然个体有情绪体验，但情绪所引起的生理变化与行为变化却不是个体自身所能控制的，故其对个体的生活极具影响力。情绪状态是人的需要是否得到满足的反映，同时又因人的主观体验的不同而千差万别。

二、情绪的特征

情绪的特征主要表现在以下几个方面。

（一）情绪由刺激所引起

情绪不是自发产生的，是由刺激引起的。引发情绪的刺激多数是外在的，但有时是内在的；有时是具体可见的，但有时是隐而不显的。和煦的阳光、清凉的海风，能让人产生心旷神怡的良好情绪；忙碌的街道、拥挤的公共汽车，能使人产生烦躁不安的情绪；限时的工作、未完成的试卷，则会引起人们焦虑和紧张的情绪。诸如此类，引起情绪的外在刺激不胜枚举。至于引起情绪的内在刺激，分为生理性和心理性两类。生理性的内在刺激如腺体分泌激素、器官功能失常（疾病）；心理性的内在刺激如记忆、联想、想象等心理活动，例如想到伤心事，不觉潸然泪下。这些生理性的和心理性的内在刺激均可使人产生不同的情绪。

（二）情绪与需要密切相关

情绪作为一种主观体验，也是对客观现实的反映。但是，它所反映的不是客观事物本身，而是主体的需要与客体之间的关系。当客观现实符合主体的需要时，主体就会产生积极向上的情绪体验。如渴望读书的人，突然得到一本好书，就会感到欣喜；怀有正义感的人看到见义勇为的行为就会产生敬慕之情等。当客观现实不符合主体的需要时，主体就会产生消极否定的情绪体验。如失去亲人会感到悲痛，遭到攻击会产生愤怒情绪等。在现实生活中，并不是所有的事物都可以使人产生情绪反应，只有那些与需要有关系的事物才能引起情绪体验。

（三）情绪与认识活动密切相关

现代情绪心理学研究认为，情绪的产生是受环境事件（刺激因素）、生理状态（生理因素）、认识活动（认知因素）三个条件所制约的，其中认识活动是决定情绪性质的关键因素。不难理解，同样的外在刺激，引起的情绪状态是不一样的。比如当银行的柜台前等着存钱的人排起长龙，而银行职员却在慢吞吞地数着现金时，不同的人会有不同的反应：有的人显得很焦躁，有的人显得很平静，而有的人则显得很轻松。这些不同反应与他们对这件事的认知经验和认识评价有关。总之，产生何种情绪与人的认识活动密切相关。

（四）情绪状态不易自我控制

情绪的脑机制——大脑回路，包括前额皮层、杏仁核、海马、前扣带回、腹侧纹状体等。其中，海马在情绪的背景调节中起着重要作用。情绪经验的产生虽然与个人的认知有关，但是情绪本身不易自我控制。测谎仪就是根据这个原理发明的。人在产生情绪变化时，心跳、呼吸及皮肤的电流反应都会有相应的变化。

三、情绪的表达

情绪的表达也称表情，是指情绪在个体身上的外显行为。个体将其情绪体验通过行为活动表现出来，从而显示其心理感受，并借以达到与外界沟通的目的。情绪的外部表达包括情绪在面部、身体姿态和言语上的表现，分别称为面部表情、身段表情和言语表情。表情是情绪所特有的外显行为。

（一）面部表情

面部表情可以分为八类：感兴趣—兴奋；高兴—喜欢；惊奇—惊讶；伤心—痛苦；害怕—恐惧；害羞—羞辱；轻蔑—厌恶；生气—愤怒。一般来说，眼睛和口腔附近的肌肉群是面部表情最丰富的部位。面部表情主要是通过面部肌肉和腺体的变化来表现情绪的，如眉开眼笑、怒目而视、愁眉苦脸、面红耳赤、泪流满面等。面部表情是人类的基本沟通方式，也是情绪表达的基本方式。

（二）身段表情

身段表情是除面部之外身体其他部位的表情动作，它通过人的身体姿态、动作变化表达情绪。头、手和脚是表达情绪的主要身体部位，如欢乐时手舞足蹈，悔恨时捶胸顿足，紧张时坐立不安等。在不同的文化背景下，同样的身段表情表达的意思可能不同，如：竖起大拇指在许多文化中是表示夸奖的意思，但在希腊却有侮辱他人的意思；日本人用伸出大拇指表示男性、用伸出小拇指表示女性，但在中国，伸出小拇指却表示藐视之意。

（三）言语表情

言语表情是情绪在言语的声调、节奏和速度上的表现，主要通过声调高低、音色长短、音量大小、节奏快慢等方面的变化表达情绪。例如，人们高兴时声调轻快，悲哀时声调低沉，气愤时音量高而急促、节奏变快。例如，“你干吗?”用升调说出来时表示疑问，用降调则表示不耐烦，用感叹语气强调“吗”字则表示责备。研究表明，言语表情所传达的情绪信息比言语本身的含意更多、更复杂。

在这三种主要表情中，面部表情起主要作用，身段表情和言语表情起情绪表达的辅助作用，它们是人际交往的重要工具，三者之间相互配合、相互辅助，这样才能更加准确或更加复杂地表达不同的情绪。

四、情绪与情感

情绪与情感是伴随认识活动和意志行动而出现的，是以个体的愿望和需要为中介的一种心理活动，都是人脑对客观事物与主体需要之间关系的反应，都是人的主观体验。

情绪的变化一般受已经形成的情感制约，而情感又总是在各种变化着的情绪中得到表现。因此，从这个意义上说，情绪是情感的外部表现，情感是情绪的本质内容，离开情绪的情感是不存在的。同一种情感在不同的条件下可以有不同的情绪表现；反之，同一种情绪可以在不同的强度、持久性、复杂程度下反映出不同的情感。

情绪与情感尽管有着一定的关系，但两者也有区别。情绪与情感的区别主要有以下两个方面。

（一）形成原因的区别

情绪主要与先天的生理需要相联系，在表现形式上带有原始性的动力特征，心理层次低一些；情感则与人的社会性需要相联系，带有显著的社会历史制约性，属于高级心理现象。

（二）表现特点的区别

从表现特点来看，情绪具有明显的情境性、暂时性、冲动性、外显性等特点；情感则具有明显的稳定性、深刻性、持久性、内隐性等特点。

五、情绪与健康

（一）情绪与身心健康的关系

稳定、乐观的情绪是心理健康的重要标志。美国学者诺尔曼·丹森说："情感规定着人的存在。"情绪与情感是人对客观事物是否符合自己的主观需要而产生的心理体验，是伴随特定生理反应与外部表现的一种心理过程。俗话说，"笑一笑十年少，愁一愁白了头"，可见情绪直接影响着身体健康。我国自古就有"喜伤心""怒伤肝""思伤脾""忧伤肺""恐伤肾"之说。现代医学研究结果也表明，情绪的变化能直接影响人体内的各种生理活动。很多临床观察结果表明，不良情绪如果持续时间过长或长期受到压抑而得不到疏导，就会使人的整个心理状态失去平衡，体内的生理过程就难以恢复正常，如忧虑、颓丧、贪求、怯懦、忌妒和憎恨等不良情绪容易使人患上心身疾病，如高血压、心脏病、消化性胃溃疡、支气管哮喘、癌症等。

（二）健康情绪的标准

不良情绪就是不健康的情绪。对于什么情绪才是健康情绪，历来众说纷纭，但分歧中仍有共性。综合各家学说，可将健康情绪的标准归纳如下。

1. 情绪活动是由一定原因引起的

任何情绪、情感的产生与发展必须由明确的原因引起。例如，可喜的现象引起欢乐的情绪，不幸的事件引起悲哀的情绪，挫折可引起沮丧的情绪。一定的事物引起相应的情绪反应是情绪健康的标志之一。无缘无故的喜、怒、哀、乐，莫名其妙的悲伤、恐惧，或者受到挫折反而高兴、受人尊敬反而愤怒，则是情绪不健康的表现。

2. 情绪反应是适度的

由一定原因引起的一定的情绪反应，应该是适度的。也就是说，引起情绪反应的刺激强度与情绪反应的强弱应呈正比关系。引起情绪反应的刺激强度越大，情绪反应就越强烈；反之，情绪反应也就越弱。如果微弱的刺激激起强烈的情绪反应，则是情绪不健康的表现。

3. 情绪是稳定的

情绪稳定表明一个人的中枢神经系统活动处于相对平衡状态，也反映出中枢神经系统活动的协调。一般来说，情绪反应开始时比较强烈，随时间的推移反应会逐渐减弱。如果情绪反应时强时弱，经常处于不稳定状态，则是情绪不健康的表现。

4. 心情愉快

心情愉快是情绪健康的重要标志之一。愉快反映出身心活动的和谐与满足，也表明人的身心处于积极的健康状态。如果一个人经常情绪低落、愁眉苦脸、心情郁闷，则是心理不健康的表现。

5. 情绪应该能自我控制

健康的情绪是受自我调节和控制的。情绪健康的人应该是情绪的主人，可把消极的情绪转化为积极的情绪，也可把冲动转化为冷静。

（三）情绪失调的表现

1. 神经过敏行为

神经过敏行为通常表现为：习惯性肌肉抽搐和皱眉、做怪相、不断地眨眼和咬嘴唇、口吃、经常脸红或脸色苍白、病态性抱怨、经常啜泣等。

2. 情绪反应偏离正常

情绪反应偏离正常通常表现为：对错误过分焦虑，对失败过分悲伤；谨小慎微，过于注意细节，逃避责任，不愿承担新的和困难的工作；对周围的一切漠不关心，感到周围的人和事都使自己烦恼；对工作目标缺乏兴趣，不喜欢讲话；不能控制语言或不停傻笑，有过分的表情动作。

3. 情绪未成熟行为

情绪未成熟行为通常表现为：不能单独一个人工作，不能独立做出判断；有自卑感，心情沉重，过多地猜疑或指责别人；十分容易接受暗示，易恐惧，优柔寡断。

4. 好出风头行为

如喜欢逗弄或推挤别人，动作生硬，不严肃；过分引人注目，过分献殷勤；不断地自夸，经常欺骗别人。

5. 违法乱纪行为

如对别人残忍，恃强凌弱；辱骂他人，有污秽语言；过分关心异性，并企图发生身体上的接触。

6. 身心失调

如饮食习惯颠倒或混乱；情绪悲痛时出现恶心或呕吐；有各种各样的躯体疼痛症状。

知识点 2　情绪管理策略

学前思考

在学习之前，我们先来思考以下几个问题：

1. 当你情绪不好的时候一般用什么方法调节？

2. 你知道哪些调节不良情绪的方法？

一、幼儿教师调节情绪的主要方法

（一）理智分析法

1. 加强自身修养

人生应该树立有价值的目标，一个人如果能把自己的生活基调定在实现远大目标的基础上，就为自身的人生道路找到了正确的方向，前进中遇到的挫折和坎坷就容易克服。因而，人应该自觉树立远大的人生目标，培养自身战胜困难的精神，并从中体验战胜困难的快乐。人们平时要注意加强修养，提高思想境界，当遇到挫折时，就可以将自己不为社会所认可的动机或需要转变为符合社会要求的动机或需要，将低层次的行为转变为有建设性、有利于社会和自身的较高层次的行为，这就是升华。如不少人把嫉妒升华为奋发努力和积极进取的行为，把单相思转化为热爱集体、珍惜友谊的情感，这样既宣泄了积蓄的能量，又陶冶了情操。

2. 积极的自我暗示

自我暗示又称自我肯定，是对某种事物通过语言、形象、想象等方式进行有力、积极的叙述，从而对自己施加积极影响的过程。自我暗示是一种能在短时间内有效改变我们对生活的态度和期望的技巧。它分为积极的自我暗示与消极的自我暗示。积极的自我暗示能让我们保持良好的心情、乐观的态度和自信心，从而调动人的内在因素，发挥主观能动性。而消极的自我暗示则是对自己施加消极影响的过程，它会强化我们个性中的弱点，唤醒我们潜藏在心灵深处的自卑、怯懦、嫉妒等心理，从而影响情绪。对于积极的自我暗示，特别需要注意的地方就是不要说对自己有负面影响的语言，比如：你忙碌了一天回家，不要说“我累坏了”，而要说“忙了一天，现在真轻松”；不要说“为什么失败的是我呢?”，而要说“有什么理由不是呢?”；不要说“我不会失败”，而要说“我一定能成功”；不要说“我没有病”，而应该说“我很健康”等。所以，我们越是经常性地有意识地选择积极、肯定的语言和概念，就越容易创造出一个积极的现实。而这样积极的心理暗示可以对人复杂的、波动的心理状态起到镇定作用、集中作用和提醒作用。

3. 理性情绪疗法

理性情绪疗法是由美国心理学家阿尔伯特·艾利斯于20世纪50年代创立的，其核心是去掉非理性的、不合理的信念，建立正确的信念。艾利斯认为：情绪并不是由某一诱发事件直接引起的，而是由经历这一事件的个体对这一事件的认知和评价所引起的，最后导致在特定情境下的情绪和行为后果。如果当事人能对该事件做出理性的评价，就可避免消极情绪的产生。个人对事件的情绪反应，可能是正面的（如喜爱），可能是负面的（如焦虑），也可能是适当的（如当喜则喜）。换言之，事件本身的刺激情境并非引起情绪反应的原因，个人对刺激情境的认知才是引起个人情绪反应的原因。

（二）宣泄法

1. 眼泪缓解法

从心理健康的角度来说，大声哭是发泄情绪的方法之一，尤其是对突如其来的打击所造成的高度紧张、极度痛苦，可以起到缓解作用，防止越陷越深，不能自拔。

2. 运动缓解法

人在情绪低落的时候，合理、适当的运动也可以在一定程度上缓解不良情绪。比如在大雨中急跑、在球场上打球、在沙滩上急走等，这些都是释放情绪的好方法。还有许多人有过在运动场上拼命奔跑以缓解心中郁闷情绪的体验，其实奔跑还有助于释放激动情绪带来的能量。

3. 转移注意法

情绪不佳时，为转移自己的注意力，做些自己感兴趣的事，是一种控制情绪的好办法。如外出散步、看电影、读书、听音乐等。

4. 合理化信念

当一个人无法达到自己追求的目标或想得到的东西未得到时，常常会像《伊索寓言》里那只聪明的狐狸一样，吃不到葡萄就说葡萄是酸的，以冲淡内心的欲望，减少沮丧情绪。有的人当不上领导，虽然内心很苦恼、很失望，却安慰自己“当了领导杂事太多，没意思”；求爱不成，则说对方才貌平平，非己所求。与此同时，又以“甜柠檬心理”来肯定自己的成绩和价值，认为凡是自己所拥有的东西都是最好的、最重要的，以减轻内心“求而未果”的痛苦。

（三）放松法

通过放松来调节情绪的具体方法有多种，如呼吸放松法、肌肉放松法、想象放松法等。这里主要介绍两种简单的方法，即呼吸放松法和冥想放松法。

1. 呼吸放松法

呼吸放松法可分五步进行：第一步，安静，让心静下来；第二步，用鼻孔慢慢地吸气，想象“气从口腔顺着气管进入腹部”，腹部随着吸入的气不断增加，慢慢地鼓起来；第三步，吸足气后，稍微屏息一下，想象“吸入的氧气与血管里的浊气进行交换”；第四步，用口、鼻同时将气从腹中慢慢地自然呼出，腹部慢慢地瘪下去；第五步，睁眼，恢复原状。呼吸放松法的特点是见效快。在紧张时只要进行深呼吸 2～3 次，就可以起到放松的作用。

2. 冥想放松法

冥想放松法即重复说一些自己编排的指令（如“我双臂发热”），同时便会感觉到该指令所描述的效果在身体上出现。冥想放松法非常简便，自己不断重复以下六个步骤的指令，便可实现放松：第一步，设想一个舒适的身体姿势，身体不要自己支撑；第二步，松开紧身的衣服、首饰；第三步，置身于安静的环境中；第四步，当发出指令时，要为积极地体察自己的感觉做好准备；第五步，发出指令时做平稳的深呼吸动作；第六步，做完一段动作时，做些恢复身体灵敏度的动作，并以积极的心理暗示结束练习，如“当我睁开眼睛时，我非常轻松”。

（四）音乐调节法

音乐是人类精神生活中不可缺少的一部分，也是调节情绪的一剂良药。

我国古代名医朱震亨曾说过：“乐者，亦为药也。”英国在 20 世纪 50 年代就成立了“音乐疗法研究会”，20 世纪 70 年代，英国剑桥大学医学院用音乐代替麻醉剂给数百名病人拔牙获得成功。20 世纪 80 年代，北京安定医院对 68 例抑郁症住院病人进行为期 8 周的音乐疗法，使 94.7%的患者症状得到缓解。现代医学研究认为，音乐之所以能够防治疾病，在于人体内有许多有规律的振动系统，例如心脏搏动、胃肠蠕动、脑电波运动等。当一定频率的音乐节奏与其相吻合时，便会使人产生一种心理快感。欣赏音乐可以调节大脑的兴奋与抑制，稳定情绪，消除心理紧张；还可以降低血压，促进消化，消除疲劳，并且有益于增强机体免疫力。根据德国、意大利等国家的调查，经常听抒情音乐的人比不听音乐的人寿命通常要长 5～10 年。美国医学家协会曾经统计了 35 名已故著名指挥家的年龄，他们的平均寿命为 78.4 岁，比美国男性的平均寿命高 5 岁。不同的情绪状态选用不同的乐曲，能起到调节情绪的作用。记忆力衰退的人最好常听自己熟悉的音乐。因为熟悉的旋律往往和过去难以忘怀的生活经历紧紧相连，常常能勾起人们对往昔岁月的美好回忆。普通人用音乐来调节情绪，要注意根据个人的爱好、心理状况、心理情趣、性格等选择不同的音乐。神经衰弱失眠者可选择有催眠作用的乐曲，如《军港之夜》《摇篮曲》《平湖秋月》等；心情郁闷、情绪低落者可选择有除烦解郁功效的欢畅乐曲，如《喜洋洋》《春天来了》等；心情烦躁、紧张者可选择有镇静作用的乐曲，如《平沙落雁》《塞上曲》《春江花月夜》等；身心疲劳者可以选择有振奋精神作用的乐曲，如《丰收锣鼓》《步步高》《西班牙斗牛进行曲》等。忧郁时，可选用莫扎特的《g 小调第 40 号交响曲》、格什文的《蓝色狂想曲》第二部等；急躁时，可选用亨德尔的组曲《皇家焰火音乐》等。当然，音乐调节情绪的效果还要受个人文化素养的制约，但当你有烦恼时，听你喜欢的音乐，总能对你的情绪起到放松和舒缓的作用。

二、各种不良情绪的处理

由于人的情绪是从种族进化而来的适应功能，所以它在对环境事件的反应中，经常是最活跃的、对人的活动有着重要的支配和影响作用的因素。而且，情绪是人类自然属性和社会属性交织的产物。其社会属性表现为情绪作为活动动机和交际手段，受人的意识和社会规范的制约；而从其自然属性来看，它受脑的低级中枢的支配，所以在一定程度上又不受主观随意性的支配。因此，善于调节情绪以保持良好积极的心态是非常必要的。

（一）不良情绪的种类及对策

情绪和心态在人的生活和活动中具有重要的意义，人应该善于控制和消除不良、消极的情绪和心态，培养自己健康、积极的情绪和心态。下面介绍几种不良情绪和不良心态的调适方法。

1. 失望情绪的调适方法

失望是生活中常有的现象。有人能较快地克服失望情绪，有人却长期为失望情绪所困扰。调适失望情绪的方法如下：

（1）勇敢地接受失败的挑战。坚信爱迪生的名言："失败也是我需要的，它和成功一样对我有价值。"失败是一种"强刺激"，它并不是坏事，也没有什么可怕的。面对失败，不能失望，而是要找出问题的症结，寻求进取之策，不达目标不罢休。

（2）脚踏实地地追求奋斗目标。一个文笔不佳的人，如果以成为知名作家为梦想，就有些不切实际；一个成绩一般的学生，如果在高考志愿表中填的都是重点大学，就极有可能名落孙山。事情的发展结果之所以同你原先的期望不符合，是因为你的目标与现实有偏差，期望越高，失望越大，应该追求同自己能力相当的目标。有时候目标虽然同自己的能力大小相符合，但由于客观条件的影响，也会招致失望情绪。这时更应注意调整期望值，减少失望情绪。比如评职称，或许你的实际能力已经达到某个职称所要求的水平，但由于某项职称的名额有限，你没有评上，这时就要调整内心的期望值，使之与现实相符，这样便能很快克服失望情绪。

（3）期望应该具有灵活性，不要把期望固化。生活中，期望不只是一个点，而应该是一条线、一个面。这样的好处是：一旦遇到难遂人愿的情况，我们就有思想准备放弃原来的想法，追求新的目标。当然，这不等于"见异思迁"。比如你去参加一项体能比赛，按你的能力有可能夺得冠军，但由于一些意外，你与冠军无缘，也不必过于失望。你参与了，这本身就是一种勇气和力量的象征。

（4）期望应该具有连续性，换言之，要增强对失败的承受力。有些人的失望是由于把期望割裂了，试图"毕其功于一役"。当"一役"难以如愿时，就深感失望。世界上固然有一帆风顺的"幸运儿"，而更多的却是命途多舛、历尽艰辛的奋斗者。

爱迪生发明灯泡先后试制了一万多次，倘若爱迪生不把发明灯泡这个期望看成是一个连续的过程，不要说一万次失败，就是一百次失败也足以使他望而生畏、知难而退了。要提高克服失望情绪的能力，就要增强自己承受挫折的能力。

2. 紧张情绪的调适方法

现代生活的一个显著特点就是高速性，因为现代人的时间观念变了，生活节奏大大加快。于是人们的心理节奏也随之加快并日趋紧张，精神负荷日益加重，很容易发生心理过激反应，如失眠、易怒、烦躁、疲乏等。在不可避免的快节奏生活中，了解如何摆脱和控制紧张情绪，对于每一个现代人来说都是十分重要的。调适紧张情绪的方法如下：

（1）学会做时间的主人。要合理安排每天的工作、学习和生活，实事求是地制订出每日、每周，甚至每月的工作计划及需要达到的目标。养成尽可能在限定的时间内完成计划和任务的良好习惯，掌握时间的主动权，尽量避免由于时间安排与实际活动的冲突而造成的手忙脚乱。俗话说：一步慢，步步慢。不能正确地把握时间会使事情越积越多，造成心理压力增大，情绪越来越紧张。

（2）学会适当留有余地。应在每天工作、生活的时间安排上计算提前量，养成遇事提前行动的好习惯。例如，你清晨起床、洗漱、吃早餐，然后坐车，8 点上班，恰好要用一个半小时的时间。若 6 点半起床时间刚好够用，那么你不妨 6 点就起床，这样如在上班途中遇到堵车等意外时就能不急不躁，减少心理压力。其他如访友、看球赛、看电影也应当如此。

（3）学会妥善安排家务。现代家庭中的家务事最为烦心，尤其是双职工家庭为此常闹矛盾。因此应科学安排家务时间，如在平时的休息时间统筹安排做家务，到周末或节假日就可以从容地享受休息的乐趣。

（4）学会忙里偷闲。无论工作、学习多么繁忙，都应忙里偷闲，每天留出一定的休息和“喘息”时间，散散步、听听音乐或进行一些力所能及的体育活动。

（5）学会正确评估自己。现代生活不仅节奏快，而且充满了激烈的竞争。但个人能力总是因人而异且是有限度的，因此每个人都应实事求是地衡量和评估自己，绝不要拼命蛮干，最后落得事业未成，身体拖垮，得不偿失。生活上则要知足常乐，量入为出；不盲目攀比、追求虚荣；坚持合适的标准，在合理收入的范围内安排好自己的生活，你就会常常感到心安理得、从容自在。

（6）学会正确对待挫折。人的一生不可能不遇到困难，也不可能没有挫折，在遇到困难时不气馁、面对挫折时不自卑，这才是最关键的。要有勇气和自信心，相信自己的力量，这样有利于理清思路，从而从挫折中总结经验，战胜逆境，解决难题。正如鲁迅先生所说的那样：“用笑脸来迎接悲惨的厄运，用百倍的勇气来应付一切的不幸。”

（7）尽量想办法宣泄或转移自己的情绪。当遇到不愉快的事情而心里难受时，可找亲友交谈，痛痛快快地讲出心中的郁闷或苦恼，或去剧院看节目、去公园散步、跳交谊舞等，这样就能消除痛苦，减轻心理压力。

3. 不满情绪的调适方法

不满情绪是消极的，既无助于解决问题，又会对身心健康造成不良影响。因此，每个人都要学会控制不满情绪的产生。调适不满情绪的方法如下：

（1）从实际出发考虑问题。要随时想一想自己的需求或观点是否切合实际，是否合乎情理。

（2）要学会全面地观察事物。从不同的角度观察事物，有助于看到事物的全貌。对一些令人不快的事，如能从光明的一面看，就会发现一些新的价值或意义。例如，你的朋友在关键时刻背弃了你，若换个角度想一想，这样的人早些露出本来面目，对你而言应是幸事。这样，心中就会豁然开朗，精神也会随之振奋。

（3）要有自知之明。人要有自知之明，善于对自己进行评估，了解自己的长处与短处。办什么事都要量力而行，不可好高骛远，追求不切实际的目标。量力而行，才能心安理得，自我满足。

（4）培养对挫折的承受力。在生活中要经得起挫折的考验，增强对挫折的承受力。在追求奋斗目标的过程中，总会遇到困难和挫折，如果我们始终怀着上进的强烈愿望，困难和挫折终究会被克服的。失败乃成功之母，总结经验，以利再战，成功就会向你招手。这样，有利于解决心理冲突，不至于整日苦闷。

（5）注意情绪的自我调节。人的情绪受意识与意志控制，有不满情绪时，应及时进行自我调节。例如，参加体育、文娱活动，把不愉快忘掉。在案头、床边写上“镇定”“静思”等字样，对自己进行自我暗示，也会有一定的效果。

4. 烦闷情绪的调适方法

烦闷是一种具有普遍性的情绪。在这种心境下，人好像对自己的一切行为都不能认定其积极的意义所在，因而表现出时而想干这个、时而又想干那个、时而什么都想干、时而又什么都不想干的人生无序状态，以至于总有一种茫然的感觉。所以，产生烦闷情绪的最直接因素通常有两个：不知道自己该做什么，或者不知道自己所做的事是否值得。调适烦闷情绪的方法如下：

（1）从工作着手。美国芝加哥大学的一项研究表明，工作最容易令人开心。这是因为工作本身虽然常常不能直接给人带来乐趣，但它使人们要面对或参与一种具有挑战性并带有技能与技巧性的活动，于是便能间接给人带来无穷的乐趣。所以要想从根本上消除烦闷的情绪，就必须从自己的工作着手，在其中倾注自己的热情、责任心与智慧，使之变成一种对自己充满挑战性与刺激性的活动。

（2）调换工作。有些人目前所从事的工作仅需要自己部分的智力、精力或能力。一个人的才智越是超出了工作的需求，他就越会感到烦闷，在这种情况下，你可以设法使自己的能力与工作要求相符，或者干脆改换更适合自己的工作。总之，人需要通过从事自己所热爱的工作发现、证明自己，通过充分运用自己的心智扩展自己的潜能，最有效地消除烦闷的情绪。

（3）安排好业余生活。在业余生活中，要把自己的业余爱好及活动当作本职工作一样来对待。现在有不少人把业余生活安排得单调枯燥，回家后就用看电视、玩手机、闲聊消磨时光，久而久之难免会感到乏味无聊。因为人们不能总是从旁观别人的生活中获得乐趣，那样的话他必将丧失对自己生活的投入感与参与感，其结果往往是别人生活得越辉煌灿烂，就越觉得自己生活得渺小空虚。所以在业余生活中，人们应该具有一种积极的、具有创造性和挑战性的精神，使自己的生活过得丰富多彩、充满情趣。

5. 怨恨情绪的调适方法

人生活在社会中，人与人之间难免有碰撞，即使是心地和善的人，有时做事也难免伤害到别人。当一个人的心灵受到别人的伤害之后，不免产生怨恨的情绪。不能让怨恨情绪长久地存在下去，应该设法调适。调适怨恨情绪的方法如下：

（1）要正视怨恨的存在。许多人都把怨恨隐藏在心底，不愿公开承认，但怨恨实际上在损害着人的情感。承认怨恨的存在，就等于是强迫自己对灵魂施行手术，这样才能根除怨恨。

（2）认识怨恨的危害。怨恨会使自己失去快乐，损害自身健康。要知道，怀有怨恨情绪，受害者往往是自己，而不是被怨恨的人。

（3）学会宽容。消除怨恨的最佳方法是宽容，要做到宽容，就要将错事与做错事的人区分开来。要分析被怨恨者的长处和缺点，并体谅做错事的人当时的处境。可以埋怨错事，但不要抱怨做错事的人。只要宽容了，怨恨也就烟消云散了。

（4）让不愉快的事过去。沉湎于个人恩怨中，勾起对不愉快的往事的回忆，会堆积怨恨。不如让过去的事情过去，争取获得未来的幸福。

6. 悲观情绪的调适方法

人的心理活动，可以说没有一刻的平静，忽而兴奋、快乐，忽而沮丧、消极。情绪乐观的人也有不幸与烦恼，但他们善于排遣解脱。情绪悲观的人则相反，他们或摇首叹息、灰心丧气，或牢骚满腹、怨天尤人，把负面的情绪积于心中而无从排解，长此以往，就会损害自己的身心健康。调适悲观情绪的方法如下：

（1）别盯住消极面。你是否总是记得别人“抢白”你的时刻或曾受到的不公正待遇？你是否总是对自己说“我真倒霉，总被人家误会、欺负”“我总是运气不好”？如果是，那你当然不会轻松愉快。要常常告诉自己：别人的误解、敌视其实并不重要，生活中仍有很多美好而令人欣喜的事物。与人为善，关注那些具有积极意义的事物，你就可以逐步排遣自怨自艾或怨天尤人的情绪。

（2）不做欲望的奴隶。乐观的人常常自我感觉良好，对失败有可贵的“马大哈”精神。而悲观的人经常焦虑不安，后悔本应做得更好的事未能做好，总是希望尽善尽美，最后总是既有无穷的欲望又有无穷的懊悔。

（3）莫过分挑剔。但凡乐观的人往往是“憨厚”的人，而愁容满面的人又总是那些不够宽容的人，他们看不惯社会上的一切，希望人世间的一切都符合自己的理想模式。挑剔的人常给自己戴上是非分明的“桂冠”，其实这是一种消极的心理，极易令人产生悲观情绪。怨恨、挑剔是心理软弱、心理“老化”的表现。

（4）学会躲避挫折。遇到情绪一时扭转不过来的时候，不妨暂时回避一下，打破静态体验，用动态活动转换情绪。有时只要一曲音乐，就能将你带到梦想的世界中。如果你能跟随欢乐的歌曲哼唱、打起拍子，无疑你的心灵也会与音乐融合在一起。同样，看场电影、散散步、与孩子一起玩耍都能把你带到充满欢乐的世界。

（5）偶尔也要屈服。在生活中遭受了打击，面临着痛苦，浮躁、悲观是无济于事的。不如冷静地承认发生的一切，不被生活中的负担所束缚，放弃不切实际的幻想，并重新设计新的生活。要做到能屈能伸，只要不是原则性问题，就不必过分执着。

（6）不要制造人际隔阂。别人在背后说你的坏话，或者轻视、怠慢你，如果你以牙还牙，不仅会使你多了一个人际屏障，多了一个生活的对头，而且会使你整日诚惶诚恐，生怕他人在背后又议论你。正确的方法是：充满诚意，不回避对方，豁达大度，友善待人。摒弃针锋相对、逃避退缩的行为，营造温馨和谐的人际氛围，保持情绪健康。信任、宽容的处世宗旨始终是改善人际关系的最佳渠道，在这个基础上设计一条幸福的通道，你就永远不会悲观。

7. 完美心态的调适方法

不能容忍事物有所缺憾，是一种普遍的心态。对许多人来说，追求尽善尽美是理所当然的。但他们可能没有想到正是这种似乎无关紧要的生活态度，给他们的生活带来了巨大的压力。如果进一步分析就会发现，有些人渴望完美是出于一种自我保护的需要。假如一个人缺乏自信，生活上屡遭挫折，那么他的安全感就受到了伤害。这种伤害需要通过其他途径加以补偿。想把每件事都做得完美的人，并不是一个强者。恰恰相反，这些追求完美的人之所以期望毫无瑕疵的结局，是因为想把自己保护起来，免受他人的指责和讥讽。心理学研究证明，试图达到完美境界的人与他们可能获得成功的机会恰恰成反比。追求完美会给人带来莫大的焦虑、沮丧和压抑。事情刚开始，他们就在担心着失败，生怕干得不够漂亮而辗转不安，这就妨碍了他们全力以赴。而一旦遭到失败，他们就会异常灰心，想尽快从失败的境遇中逃避出来。他们没有从失败中获取任何教训，而只是想方设法地让自己避免尴尬的场面。追求完美的人往往以理想的模式选择、评价自己生活中的一切，容不得客观的一丝不足，听不得不同意见，常为生活中的挫折而痛不欲生，从而形成孤僻、抑郁的性格。

完美心态的主要表现为：神经非常紧张，以至于连一般的工作都不能胜任；不愿冒险，生怕任何微小的瑕疵损害了自己的形象；对自己诸多苛求，毫无生活乐趣；总是发现有些事未臻完满，于是精神总是得不到放松，无法休息；对别人吹毛求疵，人际关系无法协调，得不到别人的合作与帮助。调适完美心态的方法如下：

（1）对自己的潜能要有正确的估计。既不要把自己的能力估计得太高，又不必过于自卑。尽己所能，享受过程，而不刻意追求结果。如果你事事要求完美，这种心理本身就会成为你做事的障碍。不要在自己的短处上与人竞争，而是要在自己的长处上培养自尊和自我满足。

（2）重新认识“失败”和“瑕疵”。一次乃至多次的失败并不能说明一个人价值的大小。仔细想一下，如果不经历失败，能真正认识生活的真谛吗？失败给了我们宝贵的经验。人只有经受住失败的考验才能到达成功的巅峰，不必为了一件事未做到尽善尽美的程度而自怨自艾。没有瑕疵的事物是不存在的，盲目地追求虚幻的境界只能是劳而无功。不妨自问：“我们真的能做到尽善尽美吗？”既然不能，就应该尽快放弃这种想法。追求完美的人往往刻意追求成功。其实成功与失败只是相对而言的，成功只能说明某一方面的成绩，因此我们不要把成功绝对化。只要我们在某一领域、某一方面发挥了作用，对自己来说就是成功。

（3）为自己确定一个短期的、切合实际的目标。寻找一件自己完全有能力做好的事，然后把它做好。这样你的心情就会轻松自然，做事也会更有信心，感到自己更有创造力和更有成效。实际上，不刻意追求出类拔萃，而只是希望表现良好时，你会出乎意料地取得更佳的成绩。目标切合实际的好处不仅在于此，它还为你提供了一个新的起点，能使你循序渐进地摘取事业上的桂冠；同时，你的生活也会因此而变得富有色彩、充满人情味，并不像你原来所想的那样暗淡而无希望。

（4）在追求中体会快乐，并在学习中逐步走向成熟。成功固然能使人满足和快乐，但那只是一时的，而在为理想目标奋斗的进取过程中体会到的快乐才是持久的。单纯、冲动、偏激是不成熟的表现，也是形成完美化倾向的主要原因。应该学会用分析、辩证的眼光看问题，克服片面、简单的认识，在遇到挫折时才有较强的承受力，让自己尽快成熟起来。

8. 不公平心态的调适方法

人们常常要求公平合理，都认为公平合理是人际关系的应有之义，每当发现周围有不公的情形时，心里便会不高兴。应当说，要求公平并不是错误的心理，但是，如果因为不能获得公平就产生一种消极的情绪，就是一种心理问题了。比如你兢兢业业地工作，却不如那些能力比自己差的人受重用，就觉得自己没有得到公平的待遇。在这种处境中，如果不自我调整，不仅会压抑良好心境，对身体健康产生不利影响，而且会扼杀聪明才智与创造才能。美国心理学家亚当斯提出了一个“公平理论”，认为职工的工作动机不仅受自己所得的绝对报酬（实际收入）的影响，而且受相对报酬（与他人相比较的相对收入）的影响。人们会自觉或不自觉地把自己付出的劳动与所得报酬同他人相比较，如果觉得不合理，就会产生不公平感，导致心理不平衡，而不公平感对健康产生的消极作用十分明显。因此，必须采取措施消除这种不平衡的心理，使心境稳定。调适不公平心态的方法如下：

（1）不必事事苛求公平。人的心理常常受到伤害的原因之一，就是要求每件事都公平。其实，世界上根本就没有绝对的公平。只要看看大自然就可以明白，它对于受到威胁的弱者永远是不公平的。强者生存，弱者灭亡，优胜劣汰。飓风、海啸、地震等自然灾害对所有的生命来讲都是不公平的。在人类社会里，贫穷、战争、疾病、犯罪等不平等的现象处处皆是。不必事事都拿着一把公平的尺子去衡量，否则就是自己和自己过不去。

（2）设法通过自己的奋发努力求得公平。比如，有些人认为只要工作踏实肯干、业务能力强就应得到领导的青睐，而把主动与领导搞好关系的行为错误地当成阿谀逢迎。其实，领导也是人，每个人都需要得到别人的尊重与肯定，所以有些看似不公平的结果正是自己不成熟的观念与言行造成的。

9. 羞怯心态的调适方法

羞怯似乎是一种与生俱来的心态。从某些方面来看，羞怯并不一定是一个贬义的词，有人甚至认为“适当的羞怯是一种美德”。在现实生活中，我们确实会遇到特别容易害羞的人，他们一方面对自己缺乏信心，不喜欢公开亮相，无意与他人竞争，遇事犹豫不决，表现得很不善于交际；另一方面又往往勤于思考，凡事多为别人着想。我们也会遇到一些不太羞怯的人，他们一方面往往对自己十分自信，很少拘谨，能够捕捉到较多施展自己才华的机会；另一方面也可能太过冒失，容易与人发生争执，得罪和伤害别人。因此，羞怯与不羞怯究竟是好是坏，不能一概而论，但它们都不能超过一个恰当的“度”。过度的羞怯会使人消极保守，沉溺在自我的小圈子里，不利于个人的成功，甚至有可能造成心理障碍。一般来讲，羞怯是由先天和后天因素的双重影响所致。有人认为，后天的成长环境以及长期以来形成的行为习惯对羞怯的影响更大些。据观察，有些羞怯的人在自己的孩提时代并不羞怯，只是进入学校以后，由于学习、身体等方面的原因，受到学校和家庭方面的压力，加之自己十分在意别人的看法与评价，从而形成了羞怯的心态。也有一部分人的羞怯心态是童年时期家庭的抚养环境导致的，有些家长不鼓励自己的孩子和同年龄的孩子玩耍，或是周围没有同龄儿童，久而久之便会使孩子形成一种内向而羞怯的性格。调适羞怯心态的方法如下：

（1）提高认识。要明确性格是在生活过程中逐渐形成的。如果你已形成羞怯的性格，不要刻意追求奔放和外向，因为羞怯的人也有很多优点。要避免羞怯，关键是要少考虑自我，多考虑他人，多考虑社会价值，多考虑如何与人交往。此外，还要正确认识自己，承认“羞怯”是自己的弱项，承认他人的长处，这样当别人注意到你的羞怯心态时，你才不会紧张或刻意地掩饰自己，并采取随和的态度，也只有这样，你同别人的关系才能更加密切而友好。

（2）坦诚自我。首先，必须学会尊重别人，不要给别人一种傲视一切、高高在上的印象，这样，别人才会喜欢你并乐于与你交往。否则，整日孤芳自赏，尽管主观上想克服羞怯，但还是会因在人际交往中碰壁而走回羞怯的老路上去。其次，为人要热情、开朗，做出乐于与人交往的表示。终日沉默不语，别人便不愿再“打扰”你了。善于并乐于表达，并使别人在与你的交谈中获得乐趣，你也会获得快乐，这样你就会自然而然地从羞怯的阴影中摆脱出来。

(3) 关注他人。平时，要留心他人的行动和爱好，在交往时寻找对方喜欢的话题、感兴趣的人或事物，就能投其所好，使人觉得你容易接近，也就能够在融洽的交际氛围中忘掉自己的羞怯。

(二) 情绪调节和保持良好心态的策略

1. 善于用快乐调节紧张和压抑

心理学家冯特的情绪三维理论认为，情绪可在愉快-不愉快、激动-平静、紧张-松弛三个维度上被度量。每种具体情绪都处在这三个维度的两极之间的不同位置上。快乐属于情绪紧张-松弛维度的松弛一端，它可以对人在工作和生活中产生的过度紧张起到重要的调节作用，使人在紧张中得到松弛。这种调节是很重要的，因为紧张和压抑都是不良情绪，影响人的健康和一切活动。快乐是人在达到有意义的目的的过程中得到的。快乐能使人对外界产生亲切感，更易于接受和接近外界，有利于活动的开展和形成和谐的人际关系。它还可以使人获得一种超越的自由感，使人处于轻快、活跃、主动和摆脱束缚的状态，从而享受生活的乐趣。

2. 培养人对生活和所从事活动的稳定兴趣

人对活动的兴趣本身就具有愉悦身心的作用。因为由兴趣引起的大脑活动能维持一定程度的兴奋，使神经激活处于中等强度水平，使注意力更容易集中，最有利于进行认知加工与激活创造性思维。所以，兴趣能够使人处于被吸引和被卷入的心理状态，是一种减轻活动中紧张、焦虑和疲劳的良好方式，有益于情绪健康。

3. 正确地进行自我认知与自我规范

人在事业或社交上的能力与成就是因人而异的，所以不应过分攀比成就的大小和能力的高低。人应正确坦诚地认识、了解和面对自己的素质与才能，在此基础上规范自己，为自己提出最适当的目标和要求，在自我满意与满足中形成自信，从而避免因内部的矛盾冲突和追求目标失败而形成的情绪困扰和情绪异常。

4. 在人际交往中缓解不良情绪

人类具有集群性的特点，社会交往是人的一种基本需要。同时，人与人之间在感情上的联系、互相理解和宽容、彼此关怀与支持，能够创造出缓解消极情绪、促进心理健康的环境。

5. 通过控制或改变外部行为调节情绪

情绪与机体的生理变化及行为的关系表明，情绪通过自主神经系统和皮层下中枢影响机体生理过程和外部行为。同时，生理过程和外部行为的变化又反过来影响情绪。所以，控制或改变外部行为有助于调节不良情绪。比如，人在激情爆发前有意识地进行转移注意力的活动，或强迫自己做一些和激情相反的动作等，都能在一定程度上控制情绪。

6. 提高辩证分析问题的能力

美国心理学家阿诺德提出的情绪“评定-兴奋说”和沙赫特提出的“认知-激活理论”，都强调个体对情境的认知是情绪产生的最重要因素，即强调了大脑第二信号系统对人的情绪的主动调控作用。所以，提高辩证分析问题的能力，能使人在认知与评价情境时，避免因绝对化认识而引发的激情和消极心境。

7. 科学地认识情绪

科学地认识情绪，尤其是要认识情绪的个体差异性和生理周期性，以适应与调整正常状况下的情绪变化。

8. 培养稳定而高级的情感来调控情绪

人的高级社会情感内化为自己的认知方式和准则体系时，都以定型化、概括化、自动化的动力定型方式存在于人的大脑中。所以，当人产生各种情绪体验时，情感会自动或主动地对情绪予以调节。

思考练习

1. 不良情绪有哪些？应怎样调适不良情绪？
2. 调节情绪的方法有哪几种？哪些是对你有效的情绪调节方法？

第五章

认知与心理健康

案例引入

几个幼儿正趴在树下兴致勃勃地观察着什么，一个老师看到他们满身是土的样子，生气地走过去问："你们在干什么？"

"听蚂蚁唱歌呢。"一个幼儿头也不抬，随口回答。

"胡说，蚂蚁怎么会唱歌？"老师的声音提高了八度。

严厉的问话让幼儿猛地从"槐安国"（唐朝南柯太守传中的典故）里清醒过来。他们一个个小脑袋耷拉下来，等候老师发落。只有一个倔强的小家伙还不服气，小声嘟囔着："您又不蹲下来，怎么知道蚂蚁不会唱歌？"

从这个案例可以看出它所涉及的现代教育理论，即幼师应具有正确的教育思想及教育观念的社会认知。

通过本章的学习，我们需要解决以下问题：

1. 幼师需要具备怎样的社会认知观念？
2. 幼师该怎样调和教育观念与心理健康？

学习目标

学习完本章内容后，你将能够：

- 了解社会认知的概念与意义；
- 理解幼师的认知在幼儿教育中的重要性；
- 解释幼师的认知与心理健康的关系。

思维导图

以下是本章内容的整体框架以及学习这部分内容的思维过程规划。此图可以帮助你从整体上了解本章的知识结构和学习路径，包括什么是社会认知、幼师的认知与心理健康等。请你仔细品读和理解，帮助自己建立对本部分知识的整体印象。

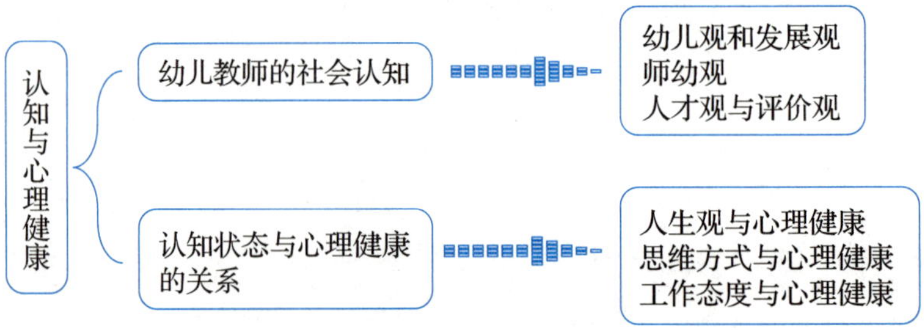

看完上面的思维导图后，你是否已经对本章所要学习的内容以及如何学习这些内容有一个初步的整体印象了呢？接下来，我们在这个整体框架的指引下逐一学习

每个知识点的具体内容。

知识点 1 幼儿教师的社会认知

学前思考

在学习之前，我们先来思考以下几个问题：

1. 在你所带的班级中，有你特别关注和喜欢的幼儿吗？为什么？
2. 你认为幼儿园老师和孩子之间保持什么样的关系最适宜幼儿的发展？

社会认知，主要包括对他人表情的认知、对他人性格的认知、对人与人关系的认知、对人的行为原因的认知。社会认知是个人对他人的心理状态、行为动机、意向等做出推测与判断的过程。社会认知的过程既是根据认知者的过去经验及对有关线索的分析进行的，又必须通过认知者的思维活动（包括某种程度上的信息加工、推理、分类和归纳）来进行。社会认知是个体行为的基础，个体的社会行为是在社会认知过程中做出各种裁决的结果。

幼师的社会认知观念直接决定着他们的教育态度和行为。教育中存在的许多问题都可以从幼师不正确的教育观念中找到原因，其中最突出的问题表现在幼儿观和发展观、师幼观、人才观和评价观方面。

一、幼儿教师的幼儿观和发展观

幼师怎样对待幼儿，取决于幼师怎样看待幼儿，尤其是幼师怎样理解幼儿与幼师的关系，这就是幼师的幼儿观问题。

幼儿观是指幼师对幼儿在学习活动中的地位、作用等本质特征的基本认识与理解；发展观是指幼师对幼儿成长发展过程中的根本动力和内外因素关系的认识。幼师从不同角度出发，会对幼儿的本性和发展动力有不同的理解，从而形成了不同的幼儿观和发展观。在教育实践中，这些不同的观念对教育者的教育行为具有不同的影响，例如：是把幼儿看成不治不老实的捣乱分子，还是把他们看成有自尊心、上进心的可造之才；是把他们的顽皮和淘气行为一律看成是本性的顽劣和品行的恶劣，还是将其看成偶尔的过失和成长中的问题；是把幼儿看作是可以任由幼师随意摆布的附属品，还是把他们看成独立自主的发展主体。这些截然不同的幼儿观和发展观，会派生出截然不同的教育态度与行为。有些时候，两位老师的教育效果之所以有很大的区别，根本原因就在于他们的幼儿观和发展观不同。当前，应从以下几方面入手，帮助幼师树立正确的幼儿观和发展观。

（一）尊重幼儿人格

幼儿是有独立人格的人，幼师与幼儿在人格上是完全平等的。这一观点在口头上是没有人反对的，但实际上并非全部幼师都能真正做到这一点。由于长期以来封建社会传统文化的深刻影响，“三纲五常”等传统观念仍然残存在一些人的头脑之中，无视人的价值和尊严的现象在社会生活中仍随处可见。这种观念在教育工作中的反映就是对“师道尊严”的维护。在一些幼师的心里，维护自己的尊严要比维护幼儿的尊严重要得多，许多体罚、虐待、变相虐待现象的存在，都不是为了达到教育的目的，而只是幼师维护自己面子的产物。常见一些老幼师向年轻幼师传授经验说：“对他们（指幼儿）就得厉害点儿，要不根本管不住。”在这种观念的影响下，幼儿园中各种不尊重幼儿的现象较为普遍，一些幼师甚至以能把幼儿管得“服服帖帖”为荣。那些把“我说你听，我管你服”视为维护正常教学秩序的需要，视讽刺挖苦为激励幼儿的有效手段，将打骂幼儿作为治恶压众的法宝的幼师，也许一时之间能把幼儿治“老实”了，但给幼儿带来的心灵伤害是长期的，有时甚至是终身难以治愈的。一位初中生曾在日记中写道：“我是一个破瓶子，从小就被家长和老师打碎了，碎得再也不能拼接了。一个破瓶子还能指望它有什么用处呢?”如果这个孩子从小的时候就得到尊重和维护，他还会对自己的人生如此消极吗？显然，要想彻底解决这类问题，幼师必须树立正确的幼儿观。

（二）重视幼儿的主体地位

传统教育的弊端就在于忽视了人的独立性和能动性，忽视了人在成长发展过程中的主动性与自觉性，看不到人是能够参与和影响自身发展方向的，忽视了每个人都具有自我发展、自我完善和实现自我价值的基本需要，结果使幼儿在受教育和成长过程中失去了应有的愉悦体验，独立个性、主体意识、创造性受到了严重摧残。

虽然教育改革的步伐已进入了全面推进素质教育的阶段，但走进幼儿园和课堂时不难发现，当前在一日生活的课程中仍普遍地存在着以课堂、幼师、教材为中心的“三中心”现象，“幼师满堂灌，幼儿盲目练”，幼儿机械地重复和记忆着老师讲过的东西，幼儿园似乎成了机械的流水生产线，幼儿成了这条流水线上被层层加工的标准件。

素质教育的根本目标是把幼儿培养成具有主体意识和创造精神的人。这就要求幼师必须把幼儿视为学习和发展的主体，尊重幼儿的主体地位，使教育过程成为在幼师指导下的幼儿主动学习、自主发展的过程。要做到这一点，关键是要转变陈旧的发展观。

（三）尊重幼儿的差异性

我们生活的世界是一个多元的系统，每一种事物都有它存在的价值。我们既需要参天的大树，也需要柔嫩的小草。教育所培养的人才也应符合社会对不同类型人才的需要，更何况人本来就存在普遍的差异，世上没有完全相同的人，他们各有各的特点，各有各的价值。但是在教育实践中，幼师却很少尊重幼儿的差异性，硬要用一把尺子去测量所有的人，这不仅是很不合理的，也是根本做不到的。

心理学的研究告诉我们，人的个体差异可以表现在许多方面，如能力的结构、能力的类型、能力的水平等。在不同的方面，只要能充分开发自己的潜能，就可以达到较高的发展水平。如果只用一个标准去评价幼儿，很可能使得许多有前途的人才被视为“调皮捣蛋”或者“性格怪异不合群”的另类。从这个意义上说，幼师最重要的才能就是善于发现和培养幼儿的长处。

二、幼儿教师的师幼观

师幼观是指幼师对师生关系及其本质特征的认识与理解，师幼观是影响幼师教育行为的最直接的因素之一。当前，幼师在师幼观方面普遍存在的认知偏差主要有以下几点。

（一）缺乏起码的平等意识

一些幼师在理解师生关系时，常会不由自主地受到传统观念的影响，把师生关系看作一种没有真正平等可言的关系。因为人们经常挂在嘴上的说法都是“一日为师，终身为父”等，父母和子女根本就不是一辈，这种关系显然不是平等的关系。按照这种理解，幼师在幼儿眼中的身份就应该是有绝对权威的长辈，幼师对幼儿的要求就应该是命令，对幼儿可以采取任何被认为是合理的态度与措施，包括各种不尊重幼儿人格的做法，而不能允许幼儿对幼师有任何一点的不尊重，甚至大一点的幼儿为了维护自己的尊严而做出的申辩和解释也会被认为是狡辩和抵赖，更不用说对幼师的不满和抗议了。时至今日，幼儿园教育中各种体罚和“心罚”现象仍然存在，这在某种程度上是幼师这种错误观念的必然表现。

（二）对师幼间的互补关系缺乏全面的认识

师幼之间的关系是一种典型的互补关系，也就是说，师幼之间是可以相互满足对方多方面需要的。但由于长期以来，我们的宣传片面地强调幼师在幼儿成长发展中的重要作用，而很少提及幼师也有许多需要的满足是离不开幼儿的，因而人们在回答幼儿有哪些方面离不开幼师的时候，能够说得头头是道，但被问到幼师有哪些地方离不开幼儿的时候，就感到有些茫然。实际上，幼师离不开幼儿的地方有很多，比如，幼师的职业就是以幼儿的存在为前提的，没有了幼儿，也就没有幼师存在的必要。教学相长当然也是师幼互补的一种表现，但这并不是最重要的，师幼互补更重要的表现是，一个幼师的能力水平和自我价值的实现只有通过幼儿的发展才能得到体现，离开幼儿的成长与发展，根本就无法找到能够证明幼师本身水平和素质的最有效的客观指标。幼师如果对此能有清醒的认识，就不会对那些有问题的幼儿心生抱怨和不满，更不会对他们产生厌烦与憎恶之情。因为每当遇到一个这样的幼儿，对幼师来说都是一次锻炼的机会，更是一次证明自己能力的机会。

三、幼儿教师的人才观和评价观

人才观是指对人才标准的理解和认识，教育者在人才观上的差异会直接导致评价倾向上的不同。请看下面这个实例：

某幼儿园在学期测查中发现幼儿的小肌肉动作发展迟缓，手指动作不灵活，大多数幼儿不会用剪刀、握笔无力等。针对这种现象，在每日活动中增加了手工制作等专门的针对性活动，通过一段时间的努力，弥补了幼儿在这方面发展的缺失。

这一过程也提醒了幼师在整体课程中重视发展幼儿的小肌肉，在日常活动中给予幼儿足够的运用小肌肉的机会。所以，评价是为了发现问题和解决问题，是为了改进工作，促进幼儿发展，达到预期的教育目标。如果我们仅把评价作为鉴定的手段，而忽略它的诊断、改进作用，就会使被评价者产生消极应付的动机和行为。例如，有的幼儿园在学期末对幼儿进行测查，并将这一结果作为评定幼师工作的标准。于是，幼师就把一学期幼儿所学的内容印成复习材料发给家长，让家长帮助幼儿复习掌握，幼儿的日常活动内容也充满了类似的复习。这样做的结果对幼师能力的提高、课程的改进、幼儿的发展丝毫没有好处。因此，幼师需要随着时代发展调整自身的人才观和评价观，具体可以从以下几方面入手。

（一）从课程评价的目的来看

1. 评价应有利于改进与发展课程

课程评价应更强调评价的诊断功能，幼师通过对教育计划的执行情况和教育效果做出及时的评估，及时发现课程各要素的问题，从而为改进课程提供依据。因此，评价的基本目的应当定位于有利于改进与发展课程。例如：幼师在课程评价后发现，在本班的社会教育活动中存在社会认知内容偏重、社会情感和社会行为目标难以落实的状况。幼师便及时调整了课程结构，精简了部分离幼儿生活较远的认知内容，增加了对社会情感和社会行为的培养内容。通过这样有针对性的课程评价，弥补了课程的不足，使教学内容趋于完善。

2. 评价应有利于促进幼儿的发展

幼儿的发展是通过幼师向幼儿开展适宜的课程教学来实现的，幼师对幼儿的评价观念影响着幼儿的发展。评价应重在发现每个幼儿的优点与不足，反映幼儿的发展水平。如此幼师便可以更有效地因材施教，幼儿的全面发展才能落实。如：某幼儿园在对幼儿的体能发展状况进行评价后，给每个幼儿制作了一份评价报告，如实反映了幼儿体能发展的优点与不足，并提出了相应的教育建议。这就是有利于幼儿发展的评价行为。幼师的评价行为与幼儿的发展密切相关，因为评价具有导向作用，所以幼师在进行课程评价时要特别注意以下几点：

（1）评价目的是找出每个幼儿的优点与不足，以便能为其提供适宜的教育方案。

（2）幼儿的发展宜进行个体的纵向比较，不宜用幼儿间横向比较的数据作为评价的依据。

（3）评价目标要符合幼儿身心整体发展原则，避免偏重某方面而忽略身心其他方面的发展。

（4）评价内容及方法要符合幼儿的年龄特点，应是幼儿可以理解的事物及能够接受的方法，尽量在日常活动中进行，使幼儿感到舒适自然、毫无压力。

（5）评价是要找出幼儿的优点，发现和发挥幼儿的潜能，以提供适宜的教育方案，而不是在幼儿中搞“排行榜”。

（6）评价时要给予幼儿足够的参与机会，要接纳幼儿的看法，发展幼儿的自我评价能力，让幼儿看到自己的优点和进步，增强自信心。

（7）评价时要收集不同方面的资料，包括对幼儿连续的定期观察和记录、家长提供的资料、幼儿的学习作品等，客观地加以整理和分析，不要存在偏见。

（8）评价的结果要清楚、系统，并正面地告诉家长，使他们了解幼儿的发展进度，增强对幼儿成长的认识，以利于家园合作。

（9）评价标准要兼顾幼儿身心发展的整体性，全面评价幼儿的发展状况，否则会造成幼儿的片面发展。

（二）从课程评价的主体来看

1. 应以幼师自评为主

从促进幼师专业发展的角度来看，应鼓励幼师以自评为主，打破过去一般遵循的由教育主管部门对幼儿园进行评价、由园长对幼师进行评价、由幼师对幼儿进行评价的自上而下的评价模式，如此才能充分调动幼师的反思意识，提高其反思能力，使幼师将评价过程作为对课程和幼儿的研究过程，使评价过程成为促进幼师专业发展的有效途径。如下面这个实例：

某幼儿园中（二）班教师每周都对幼儿在区域活动中的情况做一定记录。教师从记录中发现，最近很少有幼儿光顾图书区。于是，教师征求了幼儿对图书区的意见，分析了该区不吸引幼儿的原因，发现全体幼儿都已经读过图书区中的全部图书，因此对现有图书不感兴趣了。教师及时增加了适合幼儿阅读的图书，并向幼儿进行介绍，幼儿又开始喜欢去图书区了。

在组织教育活动的过程中，幼师也是课程的主要评价者。如下面这个实例：

有一位大班的幼儿教师在与幼儿的交往中，发现班上幼儿普遍一遇到问题就来找老师，问这怎么办、那该不该做等。他对这一现象进行了分析和评估，找到两个方面的原因：一个原因是教师在日常教学中给幼儿的束缚太多了，使得幼儿“凡事先请示”；另一个原因是现在幼儿的依赖性强，缺乏自信，怕受挫折。由此他设计和组织了“我们都是小老师”活动，让每个幼儿表现自己的长处，并教给别人，帮助幼儿建立自信心，主动地去做自己力所能及的事情，活动取得了很好的效果。

2. 重视家长的参与

家长参与幼儿园课程评价，有助于幼儿园和幼师了解家长的教育需求与愿望，更好地为家长服务；同时也有助于向家长宣传科学的教育理念和教育追求，使家长了解幼儿园课程的特殊性并认同幼儿园的教育目标，从而更好地配合幼师和园方的工作，使幼儿园和幼师真正成为幼儿发展的合作者。如幼儿园可以利用开放日讲公开课的机会，让家长观摩公开课并参与公开课的研讨，幼师应听取家长对公开课的评价，从中分析家长的教育观念和需求，为家园合作奠定基础。

3. 要鼓励幼儿参与评价过程

让幼儿学会分析自己的优点、进步和不足，并能正确地看待自己的优缺点，使幼儿逐步形成良好的自我评价能力。例如，可在学期末开展“我成长，我快乐”的主题活动，让幼儿参加讨论和展示自己在本学期所取得的进步，同时让幼儿意识到自身的不足，确定今后努力的方向。

（三）从课程评价的过程和方法来看

1. 评价过程应客观、真实、自然

在评价过程中，幼师应客观地收集相关数据，真实、详细地记录活动过程，不要因为怕发现问题而弄虚作假，否则评价的结果将缺乏可信度，由此可能产生错误的课程决策或调整。只有通过真实、客观的数据才能得出对课程的正确评价。在幼儿教育评价中坚持客观、真实的原则，就是把通过观察、测量、访谈、调查等方法所获得的资料，真实地记录下来，幼师在进行教学评价时也一样，要如实地记录幼儿的行为表现，然后再做评价。例如，一位幼师对自己组织的一个美工剪贴活动的评价：“幼儿剪纸剪得非常好，只是在粘贴过程中不太注意合作，不能从整体布局出发。”这样的评价只是对活动结果的一种主观描述，并没有真实地记录下幼儿的实际行为表现，即好的行为、不好的地方是什么，如说“幼儿能用剪刀剪出物体的曲线”“幼儿不能与同伴商量如何粘贴，只顾自己粘贴”等，这样的评价就比较具体。

同时，评价内容及方法要符合幼儿的年龄特点，评价过程尽量在日常各种活动中自然地进行，以减少幼儿的紧张和压力。只有在真实、自然的情境中，幼儿才能充分认识自身的特点和学习状况，幼师才能正确地把握幼儿的发展状况。

2. 定性评价与定量评价相结合

为了全面正确地认识课程，既需要从定性的角度也需要从定量的角度来评价课程。定性的方法可以使评价者更深入地认识已有课程及其实践的细节，有助于揭示教育的深层意义和价值。定量的方法可以使评价者纵观全局，把握总体，做到心中有数。

知识点 2　认知状态与心理健康的关系

学前思考

在学习之前，我们先来思考以下几个问题：

1. 你有想过自己生活的意义是什么吗？

2. 你有没有尝试过调整对某件事或者某个人的期望值从而让自己生活得更舒服？

幼师的认知对自身的心理健康具有重要影响。认知是由认识、观点、信念和理想构成的。下面我们从人生观、思维方式、工作态度三个方面具体地谈谈幼师的认知对心理健康的影响。

一、幼儿教师的人生观与心理健康

人生观是价值观中的核心成分，主要是指人们对生活意义的理解和对人生价值的认识，它决定着一个人会追求什么样的人生目标，同时也决定着一个人的生活态度及生活方式。人生观会对人们的心境产生长期而稳定的影响，因而对人们的心理健康状况具有直接的影响。比如，以为人类和社会做出贡献为主要生活目标的人，会从自己的奋斗中感受到生活的充实，从自己的奉献中体验到人生的乐趣，他们比较容易保持一种积极进取和愉快平和的良好心理状态。而那些以索取和享乐为主要生活目标的人，则会经常为自己某些需要得不到满足而耿耿于怀，为一己私利的得失多寡而与他人斤斤计较，他们会因欲壑难平而永远感受不到满足的喜悦，也会因物质与精神天平的极不平衡而经常感受到精神上的空虚和失落，这种不良心态如果长时间不能得到调整，必然会对其身心造成极大的伤害。

为了防止消极人生观的不良影响，形成积极的人生观，建议幼师参考以下几点建议，做好自我调节的努力。

（一）赋予生活意义，让生活充实起来

人们每天的生活内容似乎是处在不断的循环之中的，就拿幼师来讲，每天都是吃饭、睡觉、上班、下班，有人觉得“真没意思”，这里就有一个对人生意义的理解问题。生活需要用“心”来感悟。我们不要企盼生活的每一天都会有新的感受。“平平淡淡、反反复复”就是我们的生活。问题在于我们怎样去看待和解释这“平平淡淡、反反复复”的生活。平淡不是暗淡，也不是平庸；反复不是重复，也未必枯燥。全国千千万万个优秀的幼师，正是在看似平平淡淡的工作中做出了

不平凡的业绩，在反反复复的实践中找到了自己的位置，实现了自身的价值，给了一批又一批的孩子幸福的童年。他们把爱奉献给了孩子，把精力和才华奉献给了教育事业，使自己的生命得到了升华。这是多么崇高而幸福、多么有意义的生活呀！

当然，我们也不用把全部的精力都投入学习和工作中去。作为现代人，过好休闲生活，对提高生活质量、丰富生活内容是不可或缺的。听听音乐、写写字、下下棋、打打球、逛逛街、设计制作几件衣服和小饰物，找到自己感兴趣并能放松身心的健康的休闲方式，可以使我们感受到生活的惬意和多彩，多彩的生活会给我们带来好心情，从而使我们感受到生活的美好。

（二）追求淡泊的生活境界，少一点功利之心

在人们的生活中，外界有太多的诱惑，有时想得到的东西太多，结果欲壑难平，心生痛苦。如果能把“物”看得轻一些，把“名”看得淡一点，那我们在精神上就能多得到一些自由，多感受一份愉悦和宁静。豪华的家居、高档的汽车、考究的服饰、高级职称、各种荣誉称号给人带来的幸福是有限的。少一点物欲，少一点名利之心，多一点精神追求，可以让我们活得更充实、更有情趣。唐代著名文学家刘禹锡的《陋室铭》之所以能成为千古传诵的佳作，就是因为文中表达了崇尚精神追求、甘于淡泊的人生境界。

（三）正确对待痛苦，学会快乐地生活

精神分析学派的创始人弗洛伊德认为人格结构由三部分组成：本我、自我和超我。本我是由遗传的本能和习得的欲望组成的，它受本能的驱使，遵循快乐原则行事。按照这一理论分析，一些人过分追求物欲刺激的快感，沉迷于吃、喝、玩、乐之中，就是对本我不加约束、过于放纵的结果。有的人认为这样才活得够潇洒快活，人就应该活得本色一点。这样果真能活得潇洒快活吗？这就涉及怎样认识和对待苦与乐的问题。

首先要看到，痛苦与快乐只是一种感受，受人的价值观制约，并没有一个绝对的标准。穷人有穷人的快乐，富人有富人的苦恼，这是不争的事实。哲学家周国平先生说：快感和痛感是肉体感觉，快乐和痛苦是心理现象，而幸福和苦难则仅仅属于灵魂。人的物质消费毕竟是有限的，而精神的追求却是无限的。如果过于注重追求物质消费，那就挤占了精神享受的空间，快乐与幸福就会离我们而远去。幼师辛勤耕耘，把毕生的精力奉献给幼儿，所付出的辛苦只有自己最清楚，但看到祖国的花朵全面地发展、健康地长大，那种欣慰之情、幸福之感油然而生，这又何尝不是一种享受呢？艰辛与苦难是一所学校，人就是在生活的艰辛与磨难中变得坚毅和成熟的。我们不能拒绝它的教育价值，而要乐观地面对它，接受它的锤炼。

二、幼儿教师的思维方式与心理健康

人的认识水平是决定心理发展水平的关键因素，正确、合理的思维方式是心理

健康发展的前提。人一旦陷入思维的误区，就很容易造成认知偏差，从而导致挫折与困扰。常见的影响心理健康的认识误区有以下几种。

（一）不合理的比较方式

人们在生活中总要与他人进行比较，但比较的结果常因比较方式的不同而大相径庭。常见的不合理的比较方式主要有以下几种。

1. 总是与所得多于自己的人比较

某幼儿园建设了新的教工宿舍，教师可申请分房，但是名额有限，有一位主班老师由于有一段时间照顾自家生病老人请假缺勤，其综合分数排在了一个资历较为年轻的教师后面，而分配宿舍的时候恰好那位年轻教师分到了新宿舍的最后一套，而主班教师虽然分配到较远的老宿舍楼，但是分到了面积较大的一套。但这位主班老师怎么也想不通，分到房子的当天气得一夜没睡，第二天一早找到园长说："我怎么这么倒霉！"分了房本来是好事，而好事变成"倒霉事"，就是因为比较的方式不合理。只同得新房的人比，越比越别扭。如果和干了一辈子工作还没分过房的人比一比，心里就会平和多了。

2. 以己之长比人之短

在评职称、评先进的工作中，有些幼师一旦未被评上，就认为领导或同事对自己有偏见，于是就去找领导理论，最后往往是结果没更改，自己反而碰了一鼻子灰。如果我们多看别人的长处，想一想自己的不足，情况就不会这样了。

3. 喜欢同身边熟悉的人或身份地位与自己相当的人进行比较

这种人只要一涉及身边熟悉的身份地位和自己相当的人，眼睛马上瞪起来，数落出一大堆对方的不是，只要别人在哪方面比自己多得一点，就会觉得不平衡。嫉妒心强的人就经常这样做比较。

4. 以自己的价值尺度和行为准则为标准与他人做比较

如自己认为与人交往要礼尚往来，某幼师生病住院时自己曾带了礼品去看望他，这次自己的儿子结婚对方却什么表示都没有，于是心里不太痛快，认为那位同事太不把自己当回事儿了。

由此看来，要想减少不必要的烦恼，如果不能放下"比较"之心，就要学会使用以下这些更加合理的比较方法：

第一，横向比较与纵向比较相结合的方法。如果我们不是只瞄着"富豪"的生活水平，同时也看看和自己阶层相当的人们的付出和回报，就不会老是心里不平衡了。

第二，单一因素比较与系统比较相结合的方法。以己之长比他人之短的比较方式就是只进行单一因素的比较，而没有进行全面系统的比较。比如与其他行业相比，公立幼儿园教师虽然收入不是很高，但是一年有寒暑假的带薪假期，总的来看收入还是不少的。

第三，绝对比较与相对比较相结合。同样从事幼师职业，A 地区可能比 B 地区薪酬要高许多；同一位幼儿教师，在 A 园可以当上保教主任，在 B 园就未必能当上。不同的国家、地区和学校的具体情况是不同的，我们必须看到自己所处的具体环境，不能只做绝对的比较。

（二）情绪恶性循环的思维模式

"情绪不好—往坏处想—情绪更坏"，这就是导致一些人情绪恶性循环的思维模式。如一位园长事前未打招呼就坐在班级里观察某位幼师组织活动，这位幼师讲了一会儿才发现，于是情绪开始有些紧张，语言表达也不那么流畅了。她想：我太紧张了，没组织好怎么办？园长怎么评价我？会不会在大会上批评我？那我在园里还抬得起头吗？结果造成了情绪的进一步紧张，整个活动组织得毫无章法。这里可以借用一句话来形容按这种思维模式行事的人："天下本无事，庸人自扰之。"

要摆脱这种思维模式，首先要从转变世界观入手，要有广阔的胸襟、洒脱的人生态度。因为习惯于这种思维模式的人，遇事过于敏感，把简单的问题看得很复杂，把小问题看得很大，把个别问题看成普遍问题，甚至无端猜测。其次当陷入这种思维模式不能解脱的时候，可以试试按如下步骤进行思考和行动：

（1）弄清面对的究竟是什么问题。

（2）自己到底怎样看待这些问题。

（3）自己的看法符合事实真相吗？有什么根据？

（4）有没有把问题复杂化、夸大化、普遍化？有无凭空想象？

（5）情况还能坏到什么程度？

（6）解决这些问题的途径有哪些？

（7）制定解决问题的方案，并付诸行动。

（三）钻牛角尖

钻牛角尖，就是我们平常所说的"一条道跑到黑"。这种人的思维特点是：单向、封闭、形而上学、经验型、求同。《愚公移山》这个故事在中国可谓妇孺皆知。愚公的执着精神固然可嘉，但换一个角度看问题，搬家岂不比搬山容易得多？看来，只有执着精神还不够，如果前面是个死胡同，执着就变成了钻牛角尖。爱钻牛角尖的人，不是和别人较劲，就是和自己较劲，因而常常处于不良情绪状态之中，人际关系往往也处理不好。

钻牛角尖有各种各样的表现：对青年幼师的优势和长处视而不见、避而不谈，专门指出负面问题或缺点是钻入了挑剔的牛角尖；经常处于严重的自卑、自责状态，甚至自暴自弃，失去进取精神，是钻入了自我挫败的牛角尖；总是用挑剔的眼光看人看事，这也不行，那也不好，做事过分仔细认真，是钻入了完美主义的牛角尖；这也怕吃亏，那也不合适，经常打小算盘，是钻入了个人主义的牛角尖；做事总是有板有眼、讲规矩，遇事爱找死理、较真，是钻入了刻板、教条的牛角尖；做事时凭感觉，情绪总是不好，是钻入了情绪化的牛角尖。

钻牛角尖对工作、对学习、对自己的健康都是有害的。要走出牛角尖，首先要改变不良的思维方式：变单向思维为多向思维，变封闭思维为开放思维，变呆板思维为辩证思维，变单一求同思维为求同存异的复合思维，变僵化的经验型思维为创造型思维。其次要增强思维的灵活性，什么事物都不是一成不变的。解决同一问题经常可以找出许多方法和途径，而且路线不一定都是直线式的。有时换一个角度观察问题，另辟蹊径地考虑对策，有些难题就能得到解决。“田忌赛马”的故事就是逆向思维的成功典型。田忌与对手齐王各出三匹马比赛。若按马的实力对等比赛，田忌肯定会输。于是孙膑为其献策，以下等马对齐王的上等马，以上等马对齐王的中等马，以中等马对齐王的下等马，结果一负二胜。这里，孙膑用的就是逆向思维。在很多情况下，曲中可求直，柔中可克刚，退中可求进，异中可求同。最后，在思考问题时，要尽量少用“必须”“只能”“唯一”“一定”这类带有绝对倾向的字眼，以防走入死胡同。

三、幼儿教师的工作态度与心理健康

工作态度与世界观、人生观有着密切的联系。树立了正确的世界观和人生观的幼师，会把教育工作视为终身为之奋斗的事业；没有树立起正确的世界观和人生观的幼师，只是把教育工作作为谋生的手段、一种职业。“事业”与“职业”虽然只有一字之差，但幼师的工作态度截然不同。

如果我们把视教育工作为“事业”而积极工作的人称为 A，把视教育工作为谋生的“职业”而消极工作的人称为 B，他们之间的区别可以概括为以下几个方面。

（1）抱负水平和心理感受不同。

A 有崇高的理想追求，重精神生活，感到生活充实，有幸福感；B 没有崇高的理想追求，重物质生活，一有不顺就容易自怨自艾，精神空虚。

（2）主体性水平不同。

A 工作积极、主动、有创造精神，主体性得到了较好的发挥；B 工作消极、被动、凭经验办事，主体性未能很好地发挥。

（3）意志品质不同。

A 工作不畏困难，能正确对待挫折，意志品质坚强；B 在困难面前往往采取逃避的态度，遇到挫折后容易退缩、消沉，意志品质薄弱。

（4）心境不同。

A 不满足于现状，喜欢探索性地工作，能在工作中感受到乐趣，工作紧张也觉得是一种享受，心境经常保持良好状态；B 工作不思进取，没有新意，从事的基本是重复性劳动，感觉枯燥无味，工作成了负担，心境时常处于消极状态。

（5）责任感不同。

A 工作负责任，不揽功避过；B 责任心差，不敢承担责任。

（6）自我发展的水平不同。

A 的潜能能得到较好的发挥，可以实现自己的人生价值；B 的潜能未能得到较好的发挥，没有成就感，达不到自我实现的理想水平。

通过以上几点分析，我们不难看出，把教育工作视为“事业”积极工作的人，心理健康水平往往是比较高的。

那么，在工作实践中，如何通过有效的自我调节来改善自己的工作态度呢？以下方法可供参考：

（1）培养工作兴趣。

有些幼师对自己所从事的工作不感兴趣，因此感到十分乏味和枯燥，这使得日常的各项工作都变成了一种负担，有时甚至觉得是在浪费自己的生命。在这种情况下，首先要改变自己的心态，使工作内容更加丰富多样，以此来培养对工作的直接兴趣。如班主任工作如果只是限于每天的日常管理和处理各种烦琐事务，自然无法激发兴趣，假如将班级管理工作纳入班集体激励机制构建的课题研究中去，开展通过班集体中的角色激励促进幼儿发展的实验，就会使班主任工作变得更加丰富，从而引起直接兴趣。其次，还可确定发展目标，培养间接兴趣。间接兴趣是指对活动结果的兴趣，比如对通过工作所能得到的荣誉、地位以及物质利益的兴趣等。假如为自己设定一个在若干年内当上某级先进幼师或评上某级职称的目标，为了实现这一目标就需要对工作投入一定的热情，这就能在一定程度上改变原有的消极态度。最后，“假装”对工作感兴趣，这是一种用积极体验代替消极体验的训练方式。人际关系专家戴尔·卡耐基曾举过这样一个例子：一位办公室的秘书因对琐碎的文书工作非常厌烦而经常感到筋疲力尽，后来她想，反正一时也无法更换其他工作，何不让自己干得开心一些呢？于是她决定假装喜欢这份工作，几天后她发现，自己真的有点喜欢这份工作了，而且有了这种感觉后自己的工作态度也开始有了变化，工作效率也有了提高，过了一段时间，她因为工作有成效而被升职了。

（2）增强自我效能感。

自我效能感是指对自己工作是否有成效的一种主观体验，能够对自己的努力结果产生实际的感受，是使自己不断受到鼓舞，从而使自信心和行为动机得到不断增强的重要基础。如果一个人对自己的努力结果不能形成积极的感受，长期看不到自己的成绩，就会产生无力、挫败和失望的感觉，从而失去继续努力的信心和希望，同时也会使人感受到一种强大的压力：开始怀疑自己的价值究竟在哪里。一些幼师经常表现出情绪上的不稳定和工作上的不安心，其根本原因就在这里。为了避免这种消极的心态，就要设法增强自我效能感。增强自我效能感的途径主要有以下几种：第一是重新调整期望值，也就是给自己定的目标要符合自己的实际情况，不要因目标不切实际而导致无谓的挫败感。第二是要找到正确的参照标准，不要与根本不具可比性的对象进行毫无意义的攀比。第三是要从多种积极的体验中去积累和增强自我效能感。

（3）丰富工作内容。

过于单调的工作内容会令人感到乏味，打不起精神。如果每天的生活内容总是上班、下班，上课、下课，吃饭、睡觉，工作和生活的内容都是简单重复的，那情绪就会消沉下去。因此，使自己的工作和生活丰富起来，对转变消极的工作态度就显得十分重要。其实，丰富自己的工作和生活并不困难。比如以前没当过年级组长，就争取当一当；没承担过观摩课，就大胆地展示一次；承担一个教改课题，开展教改实验；除了带好常规一日生活的内容，再根据幼儿园具体的情况开展课外兴趣小组活动；如果有能力，还可以结合工作写一些文章。对于工作生活单调的人来说，要改变现状，最大的阻力是惰性。人的工作和生活习惯形成以后是不容易改变的，但也不是不能改变。世上没有不可改变的事物，只要我们有决心，并坚决地行动起来，问题就会有突破。一旦开始将想法付诸行动，也许你就会觉得改变自己并没有原来想象的那么困难。这就像推一件重物，最困难的是启动的那一刻。

（4）要有一颗平常心。

有些人之所以工作消极，多半是因为对名利的欲求过强，所以遭受的挫折也较多，因而经常处于不平衡的心态中。从辩证唯物论的角度看待人的需求，必须承认，人们多种多样的需要是推动社会历史前进的动力。但是从个人修养的角度看，一个人如果能将物欲控制到最低限度，做到淡泊名利，必然能有效地减少挫折感产生的机会，使压力得到有效的控制，生活也会更加轻松。在这方面，关键是要把握好一个度，即需求的强度。没有任何追求的人会失去前进的动力，但欲求过强的人则会因经常有某些欲望得不到满足而沉浸在痛苦和烦恼之中。在心理辅导中，辅导老师会对不同的人会进行不同的指导，为了帮助那些具有较大潜能的人取得更大的成功，经常要鼓励他们树立更高的目标，为此还要让他们克服妨碍自己提高期望值的各种心理障碍，增强自信心，强化他们必胜的信念。对那些因目标过高而屡屡受挫并因此产生了一系列心理障碍的人，则要帮助他们学会放弃不合理的目标，降低自己的期望值。

如前所述，转变工作态度首先要转变世界观和人生观。因为这些根本的问题解决不好，就不可能具备崇高的理想追求、高尚的道德情操、对教育的执着和奉献精神、丰富的知识、严谨的治学态度、热爱幼儿和诲人不倦的爱岗敬业思想，当然也就不可能有好的工作态度。其次要充分认识当代教育对人自身的发展，对我国社会主义民主政治建设、现代化经济建设、科技文化发展的重要作用，以提高对教育工作意义的认识，了解幼师肩负的历史责任，增强荣誉感，以能做一名幼师而自豪。最后要努力向当代优秀幼师学习，从他们的感人事迹中汲取精神力量，不断地激励和鞭策自己，使自己的思想得到升华，自觉地树立起正确的思想观念，改变消极的工作态度。

拓展知识

幼师正确的认知观的培养方式

第一，要认真学习。人们的世界观，有的是自发形成的，有的是通过学习自觉培养的。要学会用辩证唯物主义和历史唯物主义的观点和方法去分析问题、解决矛盾。此外，还要学习经济、政治、法律、科技、历史、文学等方面的知识。学习主要靠自学，当然，必要的外部灌输也是不可缺少的。

第二，要认真进行思想改造。牢固树立马克思主义世界观、人生观和价值观，这不是一朝一夕就能完成的，除认真学习外，最重要的是要经常进行自我改造，这是一个长期而艰苦的过程，而这个改造的关键在于“内因”。

第三，要善于区分观念正确与否，把握好自己的言行。对各种观念和说法，我们必须要有一个正确的区分，对错误的东西必须坚决抵制，否则，你原来正确的世界观、人生观、价值观，也慢慢会被这些所谓的“新观念”所替代。

思考练习

1. 幼师应该怎样树立正确的幼儿观和师幼观？
2. 幼师该如何调整自己对待生活和工作的心态？

第六章

人际交往与心理健康

案例引入

案例 1

小芳是一名中班的幼儿，长相一般，身材有些矮胖，平日穿的衣服都脏兮兮的，看上去也不协调、不整齐。但她为人十分热心，很愿意帮小朋友的忙。小芳的主班老师孙老师觉得她长得不好，技能发展也不好，怎么看她都不顺眼。活动课上，孙老师从来不愿意叫小芳出来展示。一天在做区域活动的时候，有一块积木搭的位置不对最终造成了整个积木的倒塌，孙老师严肃地问："这一块是谁搭的?"小芳怯怯地站起来说："老师，是我。"孙老师一见是她，火气腾地一下上来了，她当着全班孩子的面嘲讽小芳说："原来是你，怎么，你是不是太矮了看不见所以放不对位置!"听了孙老师的话，小芳的脸唰地变苍白了。从此以后，小芳一上幼儿园就提不起精神，各方面技能发展得更慢了。

案例 2

小伟是个不爱说话的幼儿，平时在幼儿园不愿意跟其他幼儿交流，对于老师的指令反应也很慢。入园快半个学期了，带班的杜老师还未见过家长的面，几次电话联系，家长总推脱说忙。开放日之后开家长会，杜老师专门留下了小伟家长，可谈话中发现这个家长支支吾吾，前言不搭后语。事后杜老师了解到，原来小伟家长临时"拉"了位街坊做了"代理家长"。

下班后，杜老师走访了小伟的家庭，了解到小伟的父母都是一般劳动者，文化程度较低，工作繁忙但是收入不高。父亲脾气暴躁，教育孩子方法简单，犯了错误便暴打一顿，母亲却溺爱孩子，两人还经常为了管教孩子吵架。了解到这些情况后，杜老师与小伟的父母共同分析了小伟在幼儿园的表现的原因，特别是家庭教育方面的原因：一是家长没有一个明确可行的教育目标，往往是出了问题再管教，特别是母亲的溺爱更助长了孩子的不良习惯；二是在教育方法上以罚代教，且父母在教育孩子时态度又不一致，使孩子没有边界感，无所适从。

杜老师诚恳的态度和实在的分析感动了小伟的父母，后来，他们和杜老师一起制定了具体的家庭教育目标，纠正了不正当的教育方法，杜老师在幼儿园又对小伟加强关注和辅导，经过一个阶段的配合教育，小伟各方面的发展都有了较大的进步。

案例中的两位幼师都在处理人际关系，但处理的方式和后果完全不一样。那么，幼师该如何处理这些关系才能使有关各方都满意呢？要回答这个问题，就要了解以下几点：

1. 幼师人际关系的类型。
2. 幼师人际关系处理的方式。
3. 幼师人际关系的调适方法。

学习目标

学习完本章内容后，你将能够：

- 了解人际关系的作用和人际交往的原则；
- 了解幼师人际关系的类型；
- 了解幼师常见的人际交往问题及其对策。

思维导图

以下是本章内容的整体框架以及学习这部分内容的思维过程规划。此图可以帮助你从整体上了解本章的知识结构和学习路径，包括什么是人际交往、该如何应对人际交往中出现的问题等。请你仔细品读和理解，帮助自己建立对本部分知识的整体印象。

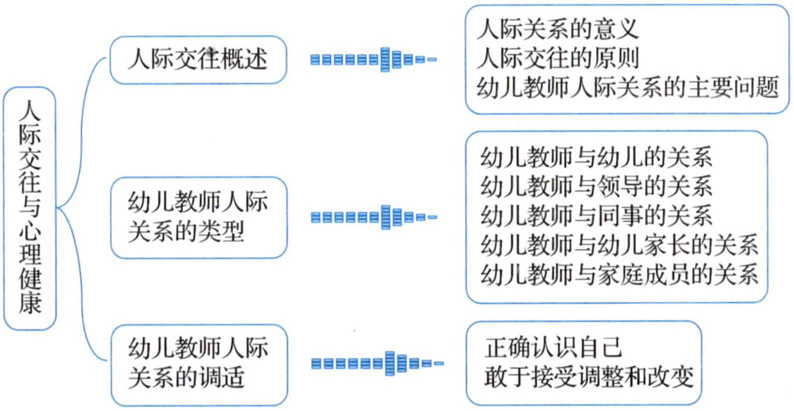

看完上面的思维导图后，你是否已经对本章所要学习的内容以及如何学习这些内容有一个初步的整体印象了呢？接下来，我们在这个整体框架的指引下逐一学习每个知识点的具体内容。

知识点 1　人际交往概述

学前思考

在学习之前，我们先来思考以下几个问题：

1. 在你的工作环境中，有让你特别讨厌或者相处不舒服的人吗？
2. 上述的这个（些）人为什么会让你觉得不舒服？你准备怎么调整？

案例

李老师的人际关系

李老师已做了20年幼师工作，她不但与幼儿处得很好，而且与幼儿家长、同事、领导的关系也非常和谐。这样，她在工作中处处有人支持与帮助，工作起来有效率，也特别快乐。她所带的班，幼儿的各方面发展一直都很好，她带领的团队设计实施的幼儿活动多次获奖，自己的才能得到了充分发挥，工作和生活都很愉快。她向别人介绍自己成功的经验时，总是这样说："要想干好工作，首先要处理好人际关系。"

一、人际关系的含义与作用

（一）人际关系的含义

人际关系有广义和狭义之分。广义的人际关系是指人与人之间的关系，它包括社会中所有的人与人之间的关系，以及人与人之间关系的一切方面。狭义的人际关系是指人与人之间通过交往与相互作用而形成的直接的心理关系。它反映了个人或群体寻求社会需要满足的心理状态，它的发展变化决定于双方社会需要满足的程度。它有三层含义：一是人际关系是人与人在相互交往过程中心理关系的亲密性、融合性和协调性的程度，是人与人之间的心理关系。二是人际关系由一系列心理成分构成。它既有认知成分、情感成分，也有行为成分。三是人际关系是在彼此交往的过程中建立和发展起来的。幼师和谐的人际关系主要是指幼师与幼儿、家长、领导、同事之间在交往过程中所建立、巩固和发展的良好人际关系，表现为师幼之间和谐互动，幼师与家长之间和谐互助，幼师与领导之间和谐互敬，幼师与幼师之间和谐互学。

（二）人际关系的作用

1. 良好的人际关系有利于幼师身心健康

良好的人际关系是保持身心健康的重要条件，这主要表现在以下两个方面：首先，良好的人际关系有助于满足个体多方面的心理需要，如安全、归属、爱和自尊等。在生活中，每个人都需要他人的关心、尊重、信任、支持、接纳、喜爱甚至是依靠，这些基本的需要如不能得到满足，常会导致心理紧张，影响身心健康。其次，良好的人际关系能使人家庭和睦、同事友好、邻里互助，从而使人精神愉快，心情舒畅。

2. 良好的人际关系有利于提高教育教学质量

人际交往是幼儿园中开展教育教学工作的基本途径，不论是课堂教学还是做幼儿的思想工作，都必须通过师幼间的人际沟通和各种形式的交往来进行。在这一过程中，以师幼关系为核心的人际关系的状况，常常会成为决定教育教学效果的关键。“亲其师而信其道”，这是中国教育的千年古训。

3. 良好的人际关系有利于幼师个人充分发挥潜能

一个人的成长与发展离不开周围人们的支持与帮助，比如家庭关系的和睦、同事关系的和谐、上下级关系的融洽等，对幼师个人专业成长、丰富学识、获得更多的发展机会，都具有十分重要的意义。特别是来自领导方面的理解与支持，常常是决定一个人事业能否取得成功的关键。在决定一个人能否成功的因素中，良好的人际关系起着重要的作用。

人生活在社会中，彼此之间要传递信息，协调关系，就必须通过相互交往来实现。因此，人际交往是个体最基本的社会活动。通过人际交往，人与人之间建立起一定联系，形成相对稳定的社会关系，人际关系是人际交往的必然结果。随着现代社会日益向信息化、多元化和开放化发展，人际交往能力和人际关系的质量已经成为衡量个体整体素质的重要指标。

4. 良好的人际关系是和谐社会的重要内容

社会和谐是中国特色社会主义的本质属性。和谐社会包括人与自然、人与社会、人与人、人与自我的和谐，幼师建立和发展良好的人际关系，有利于和谐社会的构建。

二、人际交往的原则

（一）诚信原则

古人交朋友，以诚信为本。孔子说过，人而无信，不知其可也。《孙子兵法》中对为将的要求提出五个标准：智、仁、勇、信、严。信作为其中一项被孙子提到很高的地位，要求或言行如一，言必信，行必果，或赏罚分明。在现代人际关系中，诚信原则更有现实价值。现代市场经济从某种意义上来说就是诚信经济，诚信和法制是市场经济的两大基础，现代社会的一切经济交往都必须建立在诚信这个道德基础之上，整个社会的信用一旦崩溃，经济体系就难以有效运作。道德与法律处在同样重要的地位，两者相辅相成，缺一不可。市场经济当然离不开法律体系的建立和完善，但法律不能替代道德的作用。如果道德水平低下，即使严刑峻法也不足以维持社会秩序。而道德建设如果达到一定水平，整个社会的运作成本和交易成本就会大大下降。诚信作为道德中的一项重要内容，起着降低交易成本、减少信息不对称、提高交易效率的良好作用。幼师在人际交往中，要做诚信的楷模，为幼儿做良好的示范，推进社会诚信建设。

（二）谦虚原则

《道德经》中有很多地方谈到了一个国家或个人“善下”的妙用，如“江海所以能为百谷王者，以其善下之”“小邦以下大邦，则取大邦”。这两句话形象地说明了谦虚的作用。

谦虚还能增强幼儿园内部的团结、提高凝聚力，增进人与人之间的交往和感情，加强沟通效果。有人可能会以为，采用这个原则可能会降低人的威信。其实不然，这样做反而有助于提高人的威信和影响力。谦虚是一种美德，幼师与任何人交往，特别是与幼儿交往，都要遵循谦虚的原则。

（三）平等原则

平等原则的基础是尊重别人。这是现代人际关系中的一项基本原则，不管是幼师还是幼儿，法律面前人人平等。在人际交往中，幼师必须明白别人和自己在人格和法律上是平等的。职位只能说明各人责、权、利不同而已。你平等地对人，别人也同样平等地对你，你轻视别人，别人也会同样轻视你。无论是公务还是私交，都没有高低贵贱之分，要以朋友的身份进行交往，才能深交。切忌因工作时间短，经验不足，经济条件差而自卑，也不要因为自己学历高、年轻、美貌而趾高气扬。这些心态都影响人际关系的顺利发展。幼师在与领导、同事、幼儿家长、幼儿交往时，都应遵守平等原则。

（四）相容的原则

心理相容是指与人相处时的容纳、包含，以及宽容、忍让。幼师要主动与人交往，广交朋友，交好朋友，不但结交与自己性格相似的人，还要结交与自己性格相异的人，求同存异、互学互补，处理好竞争与相容的关系，更好地完善自己。

上面谈了一些人际交往的原则，当然这些原则并不像自然规律一样不能违背。现实的人际关系处理要复杂得多，灵活得多。也就是说，在实际人际交往中，必须在原则和灵活性之间找到一个平衡点。

三、幼儿教师人际关系的主要问题

（一）嫉妒

有人说："嫉妒是一剂慢性毒药，蚕食人的理智，吞噬人的健康，谋杀人际关系。"这样的比喻是入木三分、十分深刻的。竞争和比较是多方面的，比如在幼儿园里，同一组内幼师在教学效果、科研成果等方面的比较，同一年级中幼师在班级管理工作方面的对比，同一年龄段的幼师在晋升职务、职称时的竞争，等等。当竞争直接触及个人的切身利益时，嫉妒往往就会乘虚而入。嫉妒仿佛是一个无法抑制的毒瘤，在侵蚀人际关系的同时，更在折磨人们的灵魂，让人寝食难安。这种时候，只有及时改变认识，正确地去看待竞争，把竞争作为提高自身素质的动力，不断提高自身修养，才有可能根治嫉妒这一"恶疾"。

（二）偏见

偏见是一种社会错觉，或对人知觉的错觉。幼师的偏见就是对幼儿或同事的不正确知觉。

有的幼师在解释自己偏爱或偏恶某些幼儿的原因时强调，人的性格差异使我们无法对同一件事物或同一个人持有完全相同的看法，因此面对众多的幼儿，当然也不可能把情感平均分配。这听起来似乎不无道理，可实际上这是把人的自觉能动性同绝对化的非理性信念相混淆，这种认识是非常有害的。

许多研究表明，幼师的态度在影响幼儿成长的因素中居于重要的地位。幼儿自尊被伤害，自信被打击，失去前进的动力，在很大程度上是幼师的偏见在言行上表现出来所致。幼儿敏感的心灵使他们很容易从幼师的表情、语气和眼神中捕捉到冷漠、蔑视、疏远等信息，从而读懂自己在幼师心目中的位置。在这样的期待效应下，师幼关系将受到严重的损害，幼儿的成长道路也就此笼罩上阴影。所以幼师必须认真地反思这一问题，确保在思想上对幼儿一视同仁、平等对待。

（三）自我中心

自我中心者，唯我独尊，不顾他人利益，严重者会发展成自我爱恋型人格障碍。

在幼儿园中，常会看到有这样一些幼师，作为带班老师，他们非常重视自己班级的利益。这些幼师在其班级本位思想的背后，对幼儿则是命令要求多、倾听沟通少。因此，他们不仅引起幼儿的反感，而且在师幼关系以及同事关系方面都难以形成良性沟通，严重地影响了他们的人际交往。

（四）印象偏差

印象偏差是指在知觉时出现的一些带有规律性的认知误差。它主要有如下几个方面：首因效应、近因效应、光环效应、定势效应、投射效应和刻板印象。幼师在交往过程中，要尽量预防这些心理效应的副作用。

知识点 2　幼儿教师人际关系的类型

学前思考

在学习之前，我们先来思考以下几个问题：

1. 你和班里幼儿的关系和谐吗？
2. 当有些孩子不听话时，你该如何处理？

一、幼儿教师与幼儿的关系

美国哈佛大学心理学教授罗森塔尔等人进行了教师的态度对学生发展影响的实验研究，他们选择了几所小学中一至六年级 18 个教学班的学生，远程用测验的方法对他们进行智力鉴定。然后，研究者为这些学校的教师们提供了一份名单，告诉他们根据权威的鉴定，测验名单上的学生在今后的学业上会有“迅猛发展”，但实际上，这份名单中的学生不是根据智力鉴定结果选出来的，而完全是随机选出来的。八个月后，研究者对这 18 个教学班的学生进行复测，并将初测统计结果与复测结果进行比较，发现那些被列入名单的学生，比没列入名单的学生的智力水平有明显提高，两类学生的差异在一、二年级中尤为突出。从中我们可以发现师生关系的作用，小学的孩子如此，幼儿园的孩子更是如此。

（一）师幼关系的功能

1. 行为定向功能

幼师与幼儿之间如果能建立起友好合作的关系，共同担负教学任务和解决问题，那么，幼儿的行为就倾向于维护这种关系，这样相互间的交往就会促进幼儿的发展。在良好的心理氛围中，幼儿尊敬、信赖幼师，就比较容易接受幼师对自己的严格要求和批评意见，从而避免由于人际关系而影响幼儿的情绪以及幼师的教学态度。

2. 激励功能

和谐的师幼关系满足了幼儿对爱、关心和尊重的需要，他们不仅从幼师那里得到了知识和生活技能的营养，而且获得了爱护与支持，尽管成长是艰辛的、必须付出大量体力和脑力劳动，尽管学习生活技能有时是枯燥无味的、紧张的，但幼儿仍然会全力以赴地去学习。而且，师幼关系还影响着幼儿动机的选择性。幼儿都喜欢和自己喜爱或崇拜的幼师待在一起，而不喜欢不尊重自己的幼师靠近自己；幼儿愿意为他们所喜欢的幼师而努力学习，而拒绝听他们不喜欢的幼师的话；幼儿喜欢某位幼师，往往会爱屋及乌地喜欢幼师的语言、仪表、行为或所教授的内容；等等。

幼师的赞许和关心，对幼儿来说是莫大的关爱和鼓舞。因此，幼儿会有意识地使自己的行为、发展符合这位幼师提出的标准和期望，以获得并保持幼师的赞许和关心。所以，和谐的师幼关系有助于提高幼儿的学习兴趣。

3. 品德培养功能

良好师幼关系的建立，是一种经久不衰、富有生命力的教育力量。幼儿往往透过这扇窗户，透视人与人之间的各种关系，从中体会人世间的炎凉冷暖，学习与人相处的准则。幼师爱护和尊重幼儿，可以使幼儿形成自尊和尊重他人、诚实、友好、善良等优秀品格。相反，如果幼儿在师幼关系中看到的是自私、圆滑、冷漠、怀疑，他们就可能得到仇恨、自私、势利等道德经验。正如教育家斯宾塞所说：“野蛮产生野蛮，仁爱产生仁爱。”

4. 心理保健功能

师幼关系不和谐，幼师会对其职业感到厌恶，幼师工作就会变成毫无乐趣、难以忍受的苦差事。如有的幼儿不喜欢某位幼师或者对其有抵触情绪，即使幼师组织活动很卖力，活动很精彩，他们仍然在下面说话甚至睡觉，幼师的辛勤劳动和无私奉献得不到应有的尊重，长此以往，幼师就会产生忧郁、消沉、焦虑、烦躁、愤怒、失望等负面情绪。这些情绪极有可能导致心理疾病。相反，如果幼儿在课堂上给予积极的配合，幼师受到大家的尊敬、喜爱和信赖，就会增强幼师的自尊、自信和荣誉感。尽管工作很忙很累，但精神上很充实，心理上很愉悦。

在幼儿园交往中，幼师热爱幼儿，尊重信任幼儿，师生间保持亲密和谐的人际关系，幼儿就会自尊自信，心情轻松愉快，心理也能得到健康发展。相反，幼儿（特别是调皮的孩子）在幼儿园中老是受到幼师的训斥、批评，师幼人际关系极度紧张，幼儿就会产生自卑、恐惧、屈辱、焦虑等不适心理，导致心理疾病。可见，师幼关系对幼儿的心理发展有很大影响，不良的师幼关系是导致幼儿心理疾患的重要原因之一。

（二）新型师幼关系的基本要求

1. 民主平等

师幼虽然在幼儿园教育的组织系统中扮演着不同的角色，幼师是教育者，幼儿是受教育者，但是他们在人格上是平等的。对我国中小学师生关系类型的分析研究表明，对立型、依赖型、自由放任型师生关系下的教育教学效果，远不如民主平等型师生关系下的教育教学效果好，这个结果也可以套用在幼儿园教育的师幼关系和幼儿发展的情况中。

2. 尊师爱幼

幼儿尊敬信赖幼师，幼师关心热爱幼儿，是新型师幼关系的重要特征。幼儿是国家的未来、民族的希望，关心爱护幼儿是为了他们各方面都能积极发展，将来成为国家栋梁。幼师要把爱的高尚情感投给所有幼儿，期望所有幼儿都能健康成长。幼儿对幼师的尊敬和信赖随着幼儿年龄和学识的增长而发生变化，小、中班幼儿以幼师对自己的态度为依据，大班幼儿则以幼师的能力和人格为依据。爱幼是尊师的基础，尊师是爱幼的结果。幼师是教育者，在建立尊师爱幼新型师生关系中起主导作用。

3. 心理相容

师幼心理相容是指幼师和幼儿集体之间、和幼儿个人之间，在心理上彼此协调一致，并相互接纳。心理相容以群体共同活动为中介，以成员彼此对共同活动的动机与价值观的一致为前提。幼师与幼儿之间虽然文化水平不同，但他们的社会目标和根本利益是一致的，在幼师的教导下，幼儿和幼师的动机与价值观念也能达成某种一致。师幼之间的心理相容，是以幼师教育活动为中介，使他们彼此相互了解，观点、信念、价值观达到一致的结果。师幼之间动机与价值观达到一致，幼师的行动就会引起幼儿的相应行动，并得到幼儿的肯定。心理相容带来的师幼间融洽的气氛，对建立良好的师幼关系起着重大的情感作用，对维持幼儿园秩序、保证教育教学任务的完成也起着重大作用。

4. 教学相长

教育教学是师幼双边活动的过程。在师幼共同参与的教育活动中，双方存在着相互促进、彼此推动的关系。因为知识技能的掌握不能单靠幼师的传递，还要靠幼儿自己的领悟、体验和练习。幼师的作用只是做幼儿发展能力的领路人、提高觉悟的启迪者，他不应该也不可能代替幼儿自己的学习与思考。幼师必须根据来自幼儿的反馈信息，调整教育计划与措施，这就促进了幼师教学水平的提高。

（三）建立和谐师幼关系的方法

1. 多赏识幼儿

多赏识幼儿是改善师幼关系的最好方法。可是，在我们现实的教育实践中，幼师对幼儿责备与批评较多，常常占 60%～70%，鼓励与表扬仅占 30%～40%。责备和批评只会造成幼儿更大的不满和怨恨，如果幼师想让这样的状况有所改善，就不妨试试用夸奖的方式来改善师幼关系。教育者在工作中，否定的观点要有，但不要用否定的语言来表达它，以免出口伤人。美国非常提倡激励教育，如美国幼师在课堂上总是这样说："太好了，除了不对的地方""这周你只尿了一次床"等。这样不但激励了幼儿，也指出了幼儿的不足，有利于形成正确且和谐的师幼关系，达到良好的教育效果。

美国有一位著名的儿童脑神经外科专家，在小学时患了学习障碍症。到小学三年级为止，数学老师从未在他的作业本上打过对号。看到满本的错号，他十分苦恼。到了四年级换了一位数学老师，从此改变了他的命运：新老师拿起他的作业本看了一下，还是没有答对，老师亲切地对他说："你太大意了，咱们再写一遍。"第二遍还是没有答对，可是老师在他的作业本上打了对号，对他说："你重新写的这一遍比上一遍更工整，这个对号是给这些漂亮工整的字。"因为这个对勾，他激动得几晚上睡不着觉，这种肯定对他来说太重要了。从这以后，他慢慢与老师建立了良好的关系，并爱上了数学。如果从求真的角度讲，这样做是不对的，可是从心理教育艺术的角度来讲，这样做是有效且睿智的。

2. 热爱与尊重幼儿

建立良好的师幼关系，首先，幼师要热爱幼儿。爱是教育的灵魂，没有爱的教育，就没有良好的师幼关系。一位教育家曾说："当幼师必不可少的，甚至是主要的品质，就是热爱幼儿。"一位老师曾经说，如果师幼感情好，老师表扬，幼儿认为是鼓励；老师批评，幼儿认为是爱护。表扬和批评在融洽的师幼关系中都能成为幼儿前进的动力。如果师幼关系紧张，对于表扬，幼儿认为是哄人；批评，幼儿认为是整人。这种情况下，表扬和批评就都成了教育的障碍。所以，只有注入了爱生之情的教育，才是有效的教育。

其次，幼师要尊重幼儿。幼师要尊重幼儿的人格，要把幼儿看成是有个性、有思想、有感情的人。在教育过程中，一些幼师往往在盛怒或暴躁之下讽刺和羞辱幼儿，伤害幼儿的自尊心，这是必须坚决克服的。中国著名教育家陶行知先生说：

“你的教鞭下有瓦特，你的冷眼里有牛顿，你的讥笑中有爱迪生。”幼师只有尊重幼儿，才能真正得到幼儿的尊重。

3. 理解与关心幼儿

幼师要理解幼儿，理解的前提是了解。幼师要全面地了解自己班里的幼儿，了解他们的家庭情况，了解他们对幼师的要求、对上幼儿园的期望等。幼师要善于从幼儿的角度去理解他们的思想、情感及对客观事物的态度。我国教育改革家魏书生说过：“幼师是从幼儿时代走过来的，幼儿的今天就是幼师的昨天，幼儿犯错误时的心情，幼师通过回忆自己当年犯错误时的心情，就能认识得更具体一些。”如果幼师能设身处地地为幼儿着想，然后再推心置腹地做工作，师幼之间的某些冲突是完全可以避免的。此外，幼师还要理解幼儿的差异性，以便更好地因材施教。

4. 学会沟通

多与幼儿沟通，是建立良好师幼关系的关键。而沟通的立场要从幼师立场向幼儿立场转移。

幼师在与幼儿沟通时，从所站立场来讲不外乎两种情况：一种是站在幼师立场来传递信息，评议幼儿；另一种是站在幼儿立场来思考问题，发布信息。一个幼师，如果总是站在自我立场来与幼儿沟通，这种沟通就容易受阻，产生以下不良后果，难以形成良好的师幼关系：一是幼儿会觉得老师不理解自己、不关心自己，因而会对幼师感到失望、沮丧，对幼师的信任感降低，最终不愿与幼师沟通交流，远离幼师。二是使幼师不能很好地接纳幼儿，易对幼儿提出无益的指责和批评，致使部分幼儿因自我价值保护而产生逆反心理，在与幼师以后的沟通中会出现对立情绪。三是使幼师无法对幼儿做出积极的回应，对幼儿内心世界中需要引导和纠正的地方不能提供建设性的帮助。幼师在与幼儿进行沟通的过程中，如果能够将心比心，站在幼儿的角度上思考问题，不但能够知道幼儿的所思所想，而且能够思幼儿所思、感幼儿所感，从而缩短幼儿与幼师之间的心理距离，疏通沟通渠道，优化师幼关系。

5. 学会倾听

倾听对建立良好的师幼关系很重要，幼师要从讲多听少向听多讲少转变。

在人际沟通中，幼师的行为模式大致有三种：讲多听少；听多讲少；讲听结合。在师幼沟通中，幼师因自感年龄大、地位高，闻道在先，术有专攻，一般都是讲多听少，不愿倾听幼儿的意见和想法。如要使师幼之间的沟通彻底、顺畅、真实，并建立与维持良好的师幼教学关系，幼师的沟通行为就要从讲多听少向讲听结合、听多讲少转变。幼师在与幼儿沟通时讲多听少，只当讲者，不愿当听众，会产生以下不良后果：一是幼师不能全面地了解幼儿所思所想、所作所为，当幼师仅凭自身的知识、经验对幼儿做出评价时，就难免产生偏见和成见。二是使幼儿觉得幼师高高在上，师幼之间有一道不可逾越的鸿沟。三是无法知道幼儿懂了多少、学到什么程度，这样就难以建立起良好的教学关系。

幼师在与幼儿沟通时，如能讲听结合、听多讲少，结果则完全相反。一是在幼师面前，幼儿敢于知无不言、言无不尽，师幼沟通的信息充分，这样就可以减少幼师对幼儿不成熟的评论，避免不必要的误解和情感伤害。二是在幼儿面临一些问题情境时，幼师如能学会倾听，还可以培养幼儿自己解决问题的能力，发展幼儿的独立性和自主性，培养幼儿自信、自爱等重要的心理品质。三是使幼儿把幼师当作自己的知心朋友，愿意向幼师倾诉自己的喜怒哀乐。四是幼师能了解幼儿的学习情况，并根据情况调整教学进度，更新教学内容，改善教学方法等。总之，多倾听的好处有很多。

二、幼儿教师与领导的关系

（一）幼儿教师与领导的交往

作为幼师，在与幼儿园领导的交往中既要适应领导的需要，也要能影响领导并反映自己的需要。那么，幼师如何才能更好地了解领导的需要并能得到领导最大的支持呢?

为了建立良好的上下级关系，领导要了解幼师的需要，幼师也应了解领导的需要。领导的需要主要有以下几个方面：

（1）自尊的需要。

每个人都希望受到别人的尊重，领导的这种需要更为突出，所以幼师应尊重领导。幼师要支持领导的工作，服从领导正确的决定，不要公开地表示对领导的不满。

（2）成就的需要。

凡是有事业心的领导，都希望在工作上有更大的成绩，办园水平有新的提高。幼师要让领导满意，就要做好本职工作，在提高教育教学质量上走在前面；在班级管理、教育科研、教学改革等方面为领导出谋划策，引起领导重视。幼师如果在省、市、区级的优秀课评比中获奖，在各级刊物上发表优秀论文，也一定会受到领导的重视。

（3）交往的需要。

领导也是普通人，也需要朋友和友谊。幼师要主动接近领导，与领导平等相处，在正常的交往中发现共同的志趣爱好、共同的理想价值观、相似或互补的性格特征，幼师完全可以与领导成为朋友。

（二）幼儿教师争取领导支持的技巧

1. 尊重领导

幼师只有尊重领导、相信领导、听从领导指挥，方能得到领导的支持。反之，一个不会沟通的幼师如果总是与领导对着干，就很难得到领导的支持。

2. 努力工作，做出成绩

作为幼师，要想争取领导支持，就要爱岗敬业，积极进取，努力工作，做出成绩，这是获得领导支持的基础。

3. 主动沟通，争取领导支持

幼师平常要多与领导沟通，主动争取领导的支持。对领导一时没有给予支持的事情，幼师要有耐心，等待时机去争取，而不要表示不满，背后议论，这样会造成误会，影响上下级的关系和团结，争取领导支持也就困难了。

三、幼儿教师与同事的关系

（一）幼儿教师与同事的交往

幼师之间的人际关系是在共同完成幼儿园工作任务的环境中建立的，因此，幼师之间建立起和谐的人际关系对于做好幼儿园的工作具有重要的意义。

案例

淡泊名利得人心

小王老师从师范学院毕业后，到一所规模不大的幼儿园担任幼师。同年级组，还有王老师、许老师等许多老幼师。很快，小王老师发现王老师和许老师之间存在着明争暗斗的关系，但她不掺和两个人之间的矛盾，而是一视同仁地把两位老师当成师父。三个人同在一个办公室，自从小王老师来了，上班前打水、扫地，下班后关灯、锁门等许老师和王老师不愿做的事情，小王老师都主动承担了下来。

在幼儿活动的创新上，小王老师更是勤奋钻研。在一次公开展示课中，她带的中班幼儿配合度很高，整体课程的评价得分超过了王老师和许老师所带的班级。不久，区里举办幼师素质教育大练兵活动，小王老师针对现有活动中存在的问题，撰写研究报告提出改进意见，写完后，分别请王老师和许老师指点斧正。一周后，评选结果出来了，小王老师的研究报告获得了一等奖。当颁发奖励的时候，王老师和许老师才惊喜地发现小王老师上报了三个人的名字，而将她自己排在最后。和小王老师同期进园的老师发现后，不解地问她："现在社会是竞争的社会，你却把自己辛苦得来的成果让给别人，太迂腐了吧？"小王老师说："这个活动从开始设计到最终实施是得到两位老师诸多指点的，没有他们两人丰富的经验，哪能得一等奖呢？"两位老师知道后，对于这位勤奋踏实的年轻老师打心眼里赞赏。

（二）幼儿教师与同事交往的技巧

1. 时常给予同事微笑和赞美

每个人都喜欢得到别人的赞美。赞美别人并不难，然而在实际生活中做起来却又很难，因为人们的心中经常存在着这样的观念：赞美别人等于否定自己。这个不是公式的公式，顽固地储存在人们的意识之中。所以当人们不愿意承认和赞美别人时，不是道德出了问题，而是心理出了问题。幼师往往善于说理和教导别人，而忽略对他人的称赞。我们都知道，当自己受到别人的夸奖时，除了自己有成就感外，还会感受到别人对自己的尊重、尊敬和关怀，因此而乐意与他亲近。微笑和赞美是和谐人际关系的润滑剂。在与同事交往的过程中，不要吝啬自己举"口"之劳的赞美，它不仅能带给同事快乐，也能让同事更愿意与你交往。

2. 学会调控自己的情绪

幼师要学会调控情绪，使个人的喜怒哀乐表现适宜。要随时了解自己不愉快的情绪，找出合理疏导情绪的方法，不要让自己的消极情绪影响同事和他人。

3. 应积极主动地交往

在工作中，幼师应经常为同事提供一些实际性的帮助，如：某位老师有事情，可主动表示愿意提供帮助并从心理上对同事进行关心；同事碰上不幸，应及时疏导其心中的不快。要避免清高自傲、孤芳自赏，不与人合作，缺乏团队精神。帮助别人就等于帮助自己，这样才能让自己拥有和谐的同事关系和良好的工作环境。

四、幼儿教师与幼儿家长的关系

（一）幼师与家长的合作

幼师与幼儿家长之间人际关系的纽带是幼儿，幼儿作为共同的教育对象，受到双方的关注，是交往内容的核心。现在越来越重视家园共育，就是因为家长和幼师的配合对幼儿的成长有着非常大的影响。理想的沟通是在幼师、幼儿和家长三方之间建构起一个三角形的双方互动模式，使每一方都能获得双方传递的有效信息。而家长能否积极配合幼儿园教育，这在很大程度上取决于幼师的态度及与家长交往的技巧。在交往态度上，幼师应做到两点：一是以关心幼儿的态度同家长保持经常性联系；二是要表现出与家长合作的真诚愿望。

（二）幼师与家长交往的技巧

1. 介绍信

在学年伊始，幼师写给家长一封介绍信是一种与家长积极接触的良好形式。介绍信可以让家长明确幼儿园对孩子所具有的重要作用，为建立幼儿园和家庭的合作关系奠定基础。

2. 定期通信

幼师应定期向幼儿家长反映幼儿的在园情况，告诉家长幼儿园有关教育情况及家长如何参与幼儿园活动等方面的信息。

3. 好消息电话（微信等）

当幼儿取得进步或在幼儿园有突出表现时，幼师应及时给幼儿家长打个电话，或是通过微信等通信工具及时反馈给家长。这是一种简单而有效的交往形式，是其他形式的有益补充。

4. 公告牌

公告牌要放在醒目的地方，保证幼儿家长到园时能及时看到。

5. 快乐电报

快乐电报和好消息电话类似，是一种对幼儿的积极行为和良好成绩进行表扬并及时与家长沟通的手段。

6. 个人便条

幼师定期向幼儿家长发送个人便条，让家长认识到他们也是教育者队伍中的一员，以及他们对孩子成长所发挥的重要作用。

7. 特殊情况卡

为了幼儿健康成长，幼师可发给家长一张特殊情况卡，表达幼师对幼儿的关爱。

8. 家长志愿者

邀请家长来园配合幼师组织幼儿活动，让家长更了解孩子在幼儿园中的生活和学习情况，也更了解幼师的工作，以便更好地配合幼师进行家园共育。

9. 非正式接触

幼师可以在早上安排一定时间迎候幼儿及其家长，简单地了解幼儿晚上在家里的情况以及家长对幼儿园教育活动的意见、建议。

10. 家访

在有可能的情况下，幼师可以抽出一定时间到幼儿家里访问，这样能更清晰地了解幼儿的生活环境和家庭秩序，也更容易与家长建立起融洽的关系，是一种有效的双向交流。

五、幼儿教师与家庭成员的关系

幼师建立一个幸福美满的家庭是取得事业成功的重要保证。幼师建立和经营好自己的家庭，对于提高幼师生活的幸福感，维护和增进幼师的心理健康是非常重要的。

（一）建立和谐夫妻关系的技巧

（1）幸福的家庭生活并非从天而降，而是家庭成员间相互体贴和合作的产物。

（2）在婚姻中，各种因素都是相互关联的。共同的信仰和兴趣、和谐一致的谈话对婚姻的美满都有举足轻重的作用，它们同时又相互影响。

（3）真诚地相爱，但不要把爱变成一条绳索，因为虽然爱是婚姻和家庭的基础，但是一个人不可能时时刻刻表现出对别人的爱。

（4）夫妻之间应该有许多共同的志趣和爱好，但是两个人的志趣和爱好不可能完全一致。所以应该允许对方有自己独特的志趣和爱好，学会欣赏对方的个性。

（5）知足常乐，愉快地生活。生活不如意，偶尔发脾气是难免的，但切不可经常闷闷不乐，愁眉苦脸。

(6) 尽管对方有这样或那样的缺点，也不要嫌弃对方，今天他或她有某个缺点，明天就可能自然而然地改掉了。切记不要有意去设法“改造”对方，这样的努力十有八九会失败。通过婚后生活在一起的潜移默化的影响，人的个性自然而然会发生变化。

(7) 多谈论自己爱人的优点和长处，讲给他（她）自己听或者熟人听，因为人们生来都喜欢听关于自己的好话，而不爱听别人批评或指责自己，有时人们越是被指责，越是会强化他们的缺点。

(8) 在家庭生活中，夫妻之间有时难免会发生争吵，明智的方法是吵过就算了，不要耿耿于怀，有时一方发脾气，另一方要采取忍耐的态度，如果以牙还牙，会使矛盾扩大和激化。

(9) 自己有什么感受应该告诉自己的爱人，快乐两人一起享受，忧愁两人一起分担。真正的爱情能够经受各种形式的考验，真正的爱情也必须是真诚的。

（二）建立良好的亲子关系的技巧

幼师的亲子关系在家庭关系中占有十分重要的地位。在父母与未成年子女的关系中，父母处于主导地位。父母之间的关系如何，父母对子女采取什么样的教养方式，以及父母自身的文化心理素质、经济状况和居住环境，都会直接或间接地对子女的心理健康产生深刻的影响。

作为幼师，每天从早到晚的工作都是与幼儿相处，难免身心疲惫，但越是这种时候，回到家中面对自己的孩子时，越要拿出耐心来，不要让自己的孩子觉得自己不如妈妈（或者爸爸）幼儿园里带的孩子重要。

国内外的许多专家的研究证明，良好的家庭气氛，对幼儿的心理健康有重要作用。而家庭气氛，是与父母的教养方式、教养态度紧密联系在一起的。

建立健康亲子关系的技巧有以下几个方面。

1. 父母要多为子女着想，努力为孩子树立良好的形象

父母首先要建立和维护和谐的夫妻关系，力求给孩子一种安全的感觉和美好的印象。安全感是一种基本的心理需要。孩子缺乏安全感，成天担心父母争吵或离婚，在这样的气氛中，孩子的心理又怎能获得健康的发展呢？许多研究表明，子女看到父母不和，甚至比父亲或母亲的亡故还要痛心，心理反应也更为复杂，这说明在子女的心目中，父母之间的感情十分重要。因此，父母应设身处地地为孩子着想，多一分爱心和责任感，不要因区区小事就吵架闹离婚。

父母要“善为子师”，在生活的各个方面都为子女做出榜样，使子女学有目标，行有示范。例如，要子女形成助人为乐的好思想、好习惯，父母自己在公共场合就要注意个人的一言一行，在公共汽车上见了有需要的人要主动让座，当遇到他人有困难的时候，要热情地给予帮助，这样才能使子女耳濡目染，逐渐养成助人为乐的良好习惯。美国教育家博萨德指出：父母的言行举止，是立在子女面前的一面镜子，家庭的生活方式，是一份丢不掉的家庭遗产。这话值得每一个父母深思。

2. 父母要了解子女的心理特点，采用科学的方法教育孩子

子女的心理特点，在不同的年龄阶段是不一样的，即使在同一年龄阶段，也还存在性别上的差异以及其他身心差异。一般来说，未成年子女在家庭中都有一些相同的心理需求：求知欲旺盛，好奇心强烈；渴望交往，喜欢活动；喜欢做游戏，兴趣广泛。对未成年子女的这些基本的心理需求，父母应当心中有数，并积极采取措施，适当地加以满足，及时地进行引导，这样才能收到良好的教育效果。

3. 父母要不断增强自己的心理素养，以促进子女的心理健康发展

父母的心理素养提高了，家庭中的心理气氛也会随之得到改善，这样就会促进子女心理健康水平的提高。在现代家庭中，父母要有养儿育女的正确动机，要有稳定的教育情感和耐心细致的处事风格，要有良好的心理品质和开朗善良的性格等。只有心理健康的父母，才能培养出心理健康的孩子。

知识点 3　幼儿教师人际关系的调适

学前思考

在学习之前，我们先来思考以下几个问题：

1. 你对自己的认识全面吗？

2. 你有接受调整和改变的勇气吗？

案例

舟舟是独生女，与爷爷奶奶、爸爸妈妈同住，爷爷奶奶都非常宠爱这个独苗。只要舟舟在家，爷爷奶奶总是时刻陪着她，一会儿玩玩这个，一会儿玩玩那个。

舟舟的父母对女儿的教育相当重视，每次只要有活动都会准时参加，但最大的苦恼是不知道怎样才能让这个文静的宝贝女儿变得活泼一点。

新学期开始了，班级里传来一阵歇斯底里的哭声，我循声望去，看到舟舟拉着妈妈的衣角在哭，舟舟妈妈劝说了很多遍都没有用，只好向我投来求助的目光。我带着微笑走过去，试图把舟舟拥入怀里，可是舟舟却拼命地抱着妈妈的腿，哭得更响了，我一时也不知道怎么办才好。

其他幼儿陆续来园了，有几个幼儿见舟舟在哭，就围上来七嘴八舌地安慰她，其中一个叫林林的幼儿说："舟舟，我带了一本书，我们一起看吧。"

舟舟迟疑了一下，虽然有点不乐意，但最终还是放开了妈妈的手，和林林一起看书去了。就这样，舟舟妈妈才得以离开。

有一位国外的心理学教授讲了自己的体会：幼儿真正需要的是众多的好朋友，而不是一个严厉的长者。

于是，我决定开展"我做你的好朋友"谈话活动，活动中我成了每一个幼儿的好朋友，和他们唱歌、做游戏、拥抱，幼儿们可开心了。此时，我发觉舟舟的双眼流露出了期许，我特意在她的额头上亲了一下，舟舟甜蜜地离开了我的身边。

接下来的几天，舟舟来园时虽然还哭，但只要有小朋友找她，哭声就会停止。

某天，在幼儿进行数学活动时，舟舟很快就做好了，于是她就有了一段可以自由支配的时间，我当时正忙于指导其他幼儿，没有去看她在做什么。

大约过了二十分钟，舟舟笑眯眯地跑过来对我说："老师，你看，我画的是我的好朋友们。"

我指着看上去最大的一个人问："这是谁呢?"

"这个是你。"

仔细一看，她还真把我的一些主要特征画了出来，我非常高兴地问她："我也是你的好朋友吗?"

"是呀，老师!"

顿时，我心里好感动！于是，我把这幅画像珍品一样收藏起来。

后来，为了让幼儿们更好地表演英语童话剧《金色的房子》，我到资料室领取表演服，却发现小鸟头饰上少了两只眼睛，我找来几张纸，给头饰补眼睛，但身边没有椅子，我只能蹲着，后来觉得有点累，就干脆坐在地板上了。谁知这时，我突然感觉后背多了一个硬硬的东西，同时身后传来一个小小的声音："老师，给您椅子，您请坐。"我转头看时，只见舟舟已经放下椅子跑开了，我也没有来得及跟她说声谢谢。

卡尔·威特说："对幼儿来说，最重要的是教育，而不是天赋，幼儿成为天才还是庸才，不是取决于天赋的多少，而是取决于出生后到五六岁时的教育。"是的，我非常同意这一点，同时我也坚信，要给幼儿一个宽松的、充满爱的成长空间，平时生活中一点一滴的积累，都能使幼儿成为有爱心、关心他人、尊重他人的人。细细回想，每次组织家长活动时，舟舟的父母总是双双来园参与，舟舟正是生活在这样一个充满爱与关心又非常和谐的家庭里面，才会如此善良和有爱心。

一天，早上户外活动时，舟舟突然跑过来，高兴地对我说："老师，我明天要送你一条手链。"

我一愣，问："是你自己做的吗?"

她点了点头，然后笑着跑开了。

第二天一早，我正在忙，后面传来一声："老师，送给你。"

我一看，是一条她自己制作的手链。

我连忙伸出我的右手，让她亲自给我戴上，并且高兴地说了声"谢谢"，舟舟又开心地跑开了。

我们一般是不接受幼儿送的礼物的，但是对于这样一条由幼儿自己制作的手链，我是非常乐意接受的，因为这里面不仅饱含着幼儿对老师的爱，更包含着幼儿对生活、对艺术的一种美的向往。

尽管这只是一条用玻璃丝和两颗小珠做成的手链，但我坚持天天戴在手上，因为我要让舟舟知道，我非常喜欢她送的礼物。

下午我集合幼儿们准备进行集体活动，可因为嗓子不好，不能大声说话。我提醒了幼儿们好几遍，依然有几个顽皮的幼儿在吵闹，这时舟舟就用比较大的声音说："大家不要吵了，老师的嗓子都疼了。"

舟舟这么一说，立刻有好几个幼儿附和："对呀，老师生病了。"

那几个顽皮的幼儿听到以后收敛了许多。

正所谓"鸦有反哺之义，羊有跪乳之恩，马无欺母之心"。动物尚且知道感激、回报父母的养育之恩，何况人呢？舟舟的一句"大家不要吵了，老师的嗓子都疼了"，充分体现了爱的种子已在她的心中发芽、成长、壮大，而她的这句话又得到了其他同伴的认同和支持，这又说明这颗爱的种子已得到了很好的播撒。

幼师只有把自己放在一个合适而正确的位置上，以幼儿的好朋友的身份来教育引导幼儿，才能真正地教育好幼儿。幼儿是一本书，要真正读懂已十分不容易，更何况要去教育。但如果从一开始就能做到和幼儿一起成长，用幼儿的眼光看幼儿，走进幼儿的心灵世界，做幼儿的好朋友，教育就没有那么难了。

一、正确认识自己

全面地、发展地、联系地看待自己是认识自我的科学方法。幼师要学会从多种途径了解自己、认识自己、客观地评价自己，清楚地看到自己的优点和弱点，清楚地看到自己的潜力，从而做到扬长避短。幼师要认真总结自己的昨天、正视自己的今天，充分发挥自己的优势和特长，如此才能在教书育人的崇高事业中创造佳绩。幼师可以通过以下几种方法来认识自己。

（一）自我观察法

自我观察是自我认识的第一步。幼师可以通过自我画像，了解自己的能力、兴趣、气质、性格、优点和弱点，有的幼师可能不自觉地出于自我防御心理而“讳莫如深”，可偏偏正是这些因素，对幼师的生活、学习和工作，以及人际交往具有重要影响。幼师应通过自我画像，对自己做出科学的评价。幼师自我评价中的自我观察不应是简单地罗列自己的行为，而是通过观察自己的心理和行为表现，进一步明确努力的方向，校正前进的目标，充分发挥自己的聪明才智和潜能。

（二）以人为镜法

以人为镜法是指在与他人的接触中通过他人的态度来认识自己。幼师要获得对自己的正确认识，单靠自我观察是不够的，因为人们的言谈举止都是在和他人的交往、接触中表现出来的，他人就像一面镜子，通过他人的评价来认识自己、评价自己，在与他人的接触和比较中看到自己的优点和弱点，这也是自我认识的一个重要方法。

（三）读书认知法

认识自我、接纳自我是一种能力，为了提高这种能力，每一个幼师都必须不断地学习。书是人最好的朋友，认真、大量地读书，能够帮助每一个幼师全面、正确地认识自我，因为书中为正确地认识自我提供了科学的理论与实践方法。

二、敢于接受调整和改变

幼师想成为什么样的老师、想怎样教学，这些完全受幼师的教育观念和态度的影响。幼师要随时检查自己的教育教学行为，与时俱进，使自己跟上时代的步伐。幼师与幼儿的年龄差距会越来越大，从“大哥哥型”或“大姐姐型”幼师变成“爸爸型”或“妈妈型”幼师，最后成为“爷爷型”或“奶奶型”幼师，在这个过程中，幼师的心理会逐渐保守，而面对的幼儿年年更新，幼师一定要努力调整自己的想法和教育观念，走在幼儿教育思想的前面。

（一）承受压力

逃避压力或向压力屈服的人，是没有机会享受最后成功的快乐的。从某种意义上说，你的成功有多大，取决于你能承受的压力有多大。反过来看，其实社会中的机遇往往青睐那些能承受高压力的人。

（二）战胜挫折

“失败是成功之母”，这是至理名言。没有失败就没有成功。幼师要有战胜挫折的毅力，努力、执着地提升和完善自己。只要不懈努力，成功就会来临。

（三）勇于变革

幼师要时刻观察环境变化，及时调整自己的行为模式，不断地发展和完善自己，肯定自己已拥有的能力和技巧，这样才能拥有一个成功幼师的信念和态度。

幼师不断地发展和完善自己不仅是社会的要求，也是幼师这个特殊职业的要求。除了正确认识自我，幼师还要科学地进行职业生涯的规划。幼师职业生涯有自己的发展特点和阶段，只有根据幼师职业生涯发展的特点对职业生涯进行规划，才能科学地发展自我、完善自我、实现自我。

思考练习

1. 结合实际，谈一谈良好人际关系的意义。

2. 幼师在交往中有哪些言行会对幼儿产生消极的影响？对不足的地方应怎样改进？请举例说明。

第七章

婚姻、家庭与心理健康

案例引入

胡女士，48 岁，某幼儿园教师，她的先生是位教授，年近 60 岁。去年，她的先生住院做了心脏搭桥手术，在医院结识了 30 多岁的已婚护士，在住院的这段时间里，他们的关系越来越密切。半年之后，胡女士去她们的另一处房产拿东西，结果开门之后发现不仅她的老公在里面，家里还有一双其他女人的鞋，她很冲动地进屋寻找，在衣柜内拖出了那位护士，她上前打了护士，但她的丈夫不但护着护士，还在纠缠中打伤了自己的妻子。

这个案例不禁令人产生疑问，胡女士和丈夫之间为什么会发生这样的事情？发生之后又该怎样调节生活与工作的关系？本章将针对婚姻家庭的问题展开讨论。通过本章的学习，我们需要认知到：

1. 什么是和谐的家庭？
2. 婚姻家庭中产生问题的根源有哪些？有什么解决办法？

学习目标

学习完本章内容后，你将能够：

- 了解婚姻与家庭的本质；
- 理解婚姻与家庭是如何影响心理健康的；
- 了解如何有效地进行家庭沟通和夫妻关系调适。

思维导图

以下是本章内容的整体框架以及学习这部分内容的思维过程规划。此图可以帮助你从整体上了解本章的知识结构和学习路径，包括什么是婚姻与家庭的本质和功能，以及如何在婚姻与家庭中调适自己的心理健康等。请你仔细品读和理解，帮助自己建立对本部分知识的整体印象。

- 婚姻、家庭与心理健康
  - 婚姻与家庭概述
    - 婚姻与家庭的本质
    - 婚姻与家庭的功能
  - 婚姻、家庭与心理调节
    - 恋爱情感问题与心理调节
    - 幼儿教师的性心理问题与心理调节
  - 婚姻与家庭关系的调适
    - 家庭沟通和夫妻关系的心理调适
    - 婚恋生活中的心理挫折和情感危机的心理调适

看完上面的思维导图后，你是否已经对本章所要学习的内容以及如何学习这些内容有一个初步的整体印象了呢？接下来，我们在这个整体框架的指引下逐一学习每个知识点的具体内容。

知识点 1 婚姻与家庭概述

学前思考

在学习之前，我们先来思考以下几个问题：

1. 什么是婚姻的本质？什么是家庭的本质？
2. 婚姻与家庭的功能有哪些？

人们对婚姻有许多看法，在文明状态下，婚姻是一国风俗或道德习惯中的一部分，并成为一种契约关系。克里斯欣认为："婚姻之所以为一种契约，不只是为了性关系的运用与维持，而且是为了经营真正的共同生活。所谓真正，指的是一方面有经济与精神的条件做基础，另一方面更有道德的责任与义务做基础。"如果从进入婚姻关系的人的生活来看，婚姻也是两个人自由选择的一种结合，是恋爱的最终归属。

一、婚姻与家庭的本质

（一）婚姻的本质

从心理学的角度看，婚姻的本质是需要，是归属的需要和抗拒孤独的需要。归属的需要是人的基本需要。因为人的本质属性是社会性，社会性的基本体现就是个人需要归属于某一个社会组织。在多层次的社会组织中，家庭是第一层次的组织，而婚姻则是形成家庭的途径。有了婚姻、有了家庭，人才有了基本归属。在家这个基本的组织中，人能够体会到自己的需要和被需要，体会到自己的存在和功能，从而体会到自己的价值。孤独是人类永恒的恐惧，抗拒恐惧是人的本能。对于个人而言，婚姻是抗拒孤独的一种方法。男女二人结成婚姻，心理上有了寄托和依靠，由二人关系延伸出的种种功能和意义是抵抗孤独的有效武器。

（二）家庭的本质

家庭的本质是真爱，家庭成员之间付出爱和得到爱，既满足了爱的需求，也满足了被爱的需求。乍一看来，真爱涉及的是家庭的功能，但家庭的本质功能从另一个角度看就是爱的本质。家庭成员之间的爱，因为血缘的关系，是一种真诚的、无私的爱。父母对子女的爱，是无条件的，是不求回报的，没有功利目的。夫妻之间的爱，虽不是出自血缘关系，但多数也是无条件、无功利目的的；同时，夫妻因共同生育了子女，从而强化了爱。

二、婚姻与家庭的功能

（一）繁衍后代

婚姻的主要目的是繁衍后代。有些婚姻制度对此过于重视，有些又存在不足。一夫一妻制是建立在男女数量平等基础之上的。

（二）经济共同体

家庭是社会中最小的经济单位。在古代农耕社会，家庭是一个集生产、生活、消费于一体的单元。在现代社会中，家庭虽不一定是生产单位，却是共同收入、共同消费的单位。一般来说，家庭成员可以不同的职业取得经济收入，但收入要拿回家共用。当然，现代有些家庭在经济上实行 AA 制，但毕竟不是家庭的常态。

（三）社会认可

婚姻与家庭的一大功能是帮助当事人获得社会认可。一个人的社会形象是和家庭分不开的。一对家庭生活美满的夫妻，社会形象优于一对家庭生活不美满的夫妻。一个人处在关系良好的家庭中，其社会形象容易获得良好的评价，而处在关系恶劣的家庭中，则不易获得良好的评价。

（四）提供性的满足和爱的资源

因恋爱而成的婚姻，性的满足已在前提之中，因为恋爱首先因性吸引而起。性是婚姻的重要成分，满足性欲是婚姻的重要功能。而今有所谓“无性婚姻”，只是特例，没有普遍意义。

提供爱的资源，也是婚姻的重要功能。婚姻多半是爱情的结果，家庭是爱的港湾。每个爱家成员，在家这个温暖的平台中，获得爱，获得归属感，也奉献爱，提供爱的资源。

（五）抚养和赡养

家庭还承担着对后代的抚养和对长辈的赡养功能。抚养和赡养都包含着经济的支持、体力的支撑和情感的慰藉三种因素。人类的传宗接代是通过家庭来实现的，传宗接代不仅要生育，还要抚养。养育甚至是比生育更繁重因而也更重要的任务。养育包括生活的照料、教育的提供。

在古代，“养儿防老”已将赡养老人的功能明白地道出，并且由此产生出“孝”这一重要伦理。如今，社会保险高度发达，社会已承担起部分养老的功能。但子女赡养老人的功能，比如精神的支持和情感的慰藉，是社会保险不能取代的。

知识点 2　婚姻、家庭与心理调节

学前思考

在学习之前，我们先来思考以下几个问题：

1. “爱”是一种什么样的感觉？

2. “爱情”是否给你带来过不好的情绪体验？你是怎样调整的？

一、恋爱情感问题与心理调节

（一）认识爱情

恋爱是指男女之间在婚前一个阶段所进行的一种内心感情交融的过程，是男女之间相互了解、认识的一种活动，也是求偶、择偶的一种基本活动形式。心理学家认为，男女产生爱情并不是因为有什么不可捉摸的神秘力量使他们相互吸引，而是由于两人的某种强烈的心理需求能够通过对方得到满足。恋爱是一个复杂的情感过程，其动机的纯洁性会成为爱情的生命。

1. 爱情的实质与心理结构

爱情是一个永恒的话题，爱情是人世间最美丽的感情，每个人一生中都会或多或少地体验爱情的酸甜，那么，爱情究竟是什么呢？如果从心理学的角度给爱情下定义，那就是：爱情是一种异性之间强烈的相互吸引状态，这种状态与关怀、依恋、信任和自我暴露等特征以及性欲联系在一起。爱情是两性吸引的特殊和高级形式，是异性之间恋爱交往的完美结局。

（1）爱情的实质。

1）爱情产生的自然前提和生理基础是随着性意识的成熟而萌发的对异性的欲望与要求。人类有赖于这种生理本能繁衍后代，使人类得以延续。

2）相互真诚的眷恋与炽热的情感体验，是爱情产生的内在心理因素。

3）爱情具有深刻的社会性，这是爱情心理的本质属性。一定的社会物质条件和社会文化习俗，构成了爱情存在的社会基础。

（2）爱情的心理结构。

1）性爱是爱情产生与发展的内在动力与源泉。性爱是以性欲为基础的对异性的倾慕、亲近的感情体验，也是爱情关系与亲情、友情等其他非性爱关系的本质区别。

2）情爱是爱情产生与发展的必要条件和存在的基础。真正的爱情是建立在男女之间自愿基础上的互爱，是双方的倾慕与无私付出，同时希望得到对方爱的回馈，而不是依靠外在因素和势力的干预。情爱还包括思想感情的和谐统一和彼此的心理包容。爱情中的心理包容意味着双方在生活和事业上的志同道合及心理上的融洽。

3）忠贞专一是纯真爱情的重要标志，是爱情的美德。恩格斯说："性爱按其本性来说就是排他的。"① 这意味着爱情本身所包含的特有的情感、责任与义务，只能存在于具有爱情关系的男女当事人双方之间。

4）高尚的情操是爱情的灵魂。爱是一种责任，是一种给予，真正的爱情是只求付出而不过分索取，时刻想着对方。爱情不是一场交易，更不是一种谋生的手段。

2. 爱情的生理特性和心理特性

（1）爱情的生理特性。

1）繁殖性。繁殖是人类性行为的最初目的，在人类之初几乎是唯一目的。毫无疑问，从人类发展的进程来看，性行为在前，爱情在后。但自从爱情出现以后，性行为就和爱情分不开了。具体到一个人，则是性吸引在先，爱情在后，而爱情又导致性行为。性行为和爱情结合以后，性的繁殖目的和功能依然存在。所以人们在谈恋爱时，在恋爱对象的选择上，也考虑繁殖后代的因素。

2）乐趣性。性具有愉悦感官的作用，这便是性的乐趣性。性的乐趣性即性快感。它是大自然在物种演化中给动物界设计的一道"程序"，是通过基因自然传递的。据研究，性快感依然是人的诸多感官快感中最高级的一种快感。与爱情相连的性行为也有这些功能。单纯性行为的乐趣性与爱情中性行为的乐趣性之不同，就在于前者可能仅是主动者的快感，而后者则是双方的快感，并且双方的快感以对方的快感为前提。

3）亲密性。性的亲密性是爱情中性行为的独有属性。性是爱的伴生物和标志。人类以性行为来表达爱的巅峰，也在因性活动刺激反应而产生乐趣的过程中亲近、调情，表现出关系的亲密。人们往往也借性行为表达爱意、沟通内心、融化矛盾、亲密关系。亲密度是衡量恋人关系、夫妻关系的尺度。而亲密度的衡量标准之一，就是性行为的频率和质量。

（2）爱情的心理特性。

1）排他性。所谓爱情的排他性，是指人们排斥其他人对自己的恋爱对象产生任何亲近的心理倾向。排他性的成因，一是生物本能，二是社会影响，后者是决定性因素。生物是通过生存竞争，按照择优汰劣的自然法则发展的。一般来说，强者才能获得或优先获得与异性结合的机会。私有制的确立，一夫一妻制的形成，才使爱情的排他性强烈地显示出来，从而成了文明时代人类性爱的最重要的特点。而这

---

① 恩格斯．马克思恩格斯选集：第四卷．北京：人民出版社，1995：80.

种排他性，又使一夫一妻制得以稳固。爱情的排他性和一夫一妻制具有相辅相成的关系。排他性的积极作用便是它能保证爱情的专一，但其消极作用也是不可低估的。

2）冲动性。所谓爱情的冲动性，是指对爱的对象在动力学上表现出的强烈的亲近欲望和随时可激起的不顾一切的行为驱力。爱的冲动性表现在它的感情点燃速度快、强度大和控制性差上。但是，这种冲动不是持续的，它是短暂的激情，所以它又具有不稳定性。人们喜新厌旧的心理基础就是爱情冲动性所派生出的不稳定性。

3）直觉性。能否产生爱情，往往在双方直觉性的感知中便可判定。当然，这种直觉性是当事人长期观察、体验、想象中的异性在某个人身上得到的印证，有时甚至是下意识的。当然，本来不存在爱情，在相处中，被对方的品质、能力所吸引，从而产生爱情的例子也是有的，但这丝毫不能推翻爱情直觉性的特点。爱情的直觉性可给人以自觉、自慰的美好感觉，它是一见钟情的心理基础。但直觉性往往带有片面性、盲目性。

4）隐秘性。爱情表现为性爱时，会显示出隐蔽、不让人知、不让人见的特点，特别是在性爱的初期，这个特点更为突出。隐秘性是人类文明化的标志之一。隐秘性使人们的爱显得更含蓄而富有诗意，但它也能被人利用来隐瞒不正当的爱，这是隐秘性的消极面。

5）新异性。新异性也即喜新厌旧的生物本能。爱情的新异性要求双方不断更新爱情。在物欲横流的时代，这种生物本能也随之被煽动起来了。卖淫嫖娼就是这种本能的负面表现。

（3）爱情诸特点的相互关系及积极性、消极性。

1）排他性的积极面是专一、执着，消极面是自私、嫉妒、猜疑和占有欲。男女一旦建立了正当的爱情关系，便不容第三者插入，这是理所当然的。我们必须正确认识爱情的排他性。为便于说明，我们在这里把不准别人亲近自己爱人的心理特征叫“外排他”；而自己一旦有了爱人，也不允许第三者与自己再相爱的心理特征叫“内排他”。作为一个高尚的人，应该牢牢树立起内排他的屏障，达到爱情的专一；同时又不陷入私欲、占有欲的外排他的泥淖里，在信任、热爱对方的前提下，不干涉对方正当的社交，压抑不正当的外排他。此外，当爱人因误解而对你显示出外排他时，你要体谅对方的排他心理，心平气和地予以解释。严守内排他，控制外排他，尊重并体谅别人的外排他，这便是正确认识和对待爱情的排他性的三个方面。

2）爱情的冲动性的积极面是对爱情的果断、勇敢，消极面则是失控、冒险、破坏性。

3）爱情的直觉性往往使人忽略对爱人的内涵价值的评价，而只侧重于外在的东西，因此具有肤浅、盲目的消极面。要克服直觉性的盲目、肤浅的一面，请记住契诃夫的一句话："面貌的美丽当然也是爱情的一个因素，但心灵与思想的美丽才是崇高爱情的牢固基础。"

4）隐秘性有文明、含蓄的积极一面，但也有伪装、隐瞒、猥琐的一面。当然，正当的爱情应该含蓄、隐秘些。加强修养，提高道德水准便是消除爱情隐秘性消极面的有效途径。

5）正确对待爱情的新异性。新异性除了给当事人带来活力，基本上没有积极意义，其消极面则是对婚姻与家庭毁灭性的破坏。

我们了解了爱情的这五个特点的积极面和消极面后，就应当扬长避短，使爱情的格调变得更加高尚。

3. 恋爱的心理过程和爱情的社会性

（1）恋爱的心理过程。

1）友谊交往阶段。在这一阶段，人们向往和追求异性，期望与异性进行情感的交流，在共同的学习、活动和交往中，产生微妙与朦胧的爱的萌芽。

2）比较选择阶段。在这一阶段，人们根据自己的择偶标准和审美观，在和异性的交往中，会对不同的异性朋友的外在特征、才华等进行比较，形成亲疏或远近的心理倾向，并把注意力集中在自己倾心的异性身上，其交往频率、行为和态度开始超出一般朋友。

3）相互依存阶段。彼此产生强烈的感情，渴望在情感上、心理上得到对方的理解、鼓励和支持。双方都从这种默契、依赖、和谐的关系中得到各自的心理需求，从而促进关系进一步发展，达到缔结的目的。

（2）爱情的社会性。

1）责任感。爱情的社会性来源于爱情是一种社会感情。恋爱是一种社会性的活动，它不仅仅是两人关系，也不仅仅是两个人之间的行为，它牵涉两个家庭的成员以及相关的亲朋好友。一对恋人之间的分分合合，会影响双方亲人、朋友的经济利益和感情利益。因此在恋爱中，人要有责任感。这种责任感不仅包括对对方的身体、声誉、经济等负责，也包括对相关的亲朋好友负责。

2）道德感。恋爱作为社会性活动，必然要遵守社会的游戏规则。社会规范赋予爱情的规则，就是爱情道德。当代的爱情道德是由传统道德演化而来的道德，主要包括平等、真诚和奉献。爱情的平等是要求恋爱双方尊重对方的人格，平等相待，反对以一方为中心、另一方为依附的不平等关系。爱情的真诚是要求双方在感情和性权利方面忠于对方。爱情的奉献则要求为对方付出，不计回报。

（二）把握爱情

1. 把握爱情的进程

（1）爱情的识别。

1）爱情与好感。好感是产生爱情的重要因素，但好感本身不等同于爱情。好感是对对方产生的好印象。一个人对另一个人产生好印象的原因有以下几种：一是对方外貌符合自己的理想；二是对方言谈举止有吸引力；三是对方形象气质有魅力；四是对方待人接物得体：五是对方知识渊博；六是对方有地位；七是对方给了自己好处等。这些因素同样可能是引起爱情的因素，所以可以说好感是爱情的入口。但好感仅仅是爱情的因素之一，爱情的构成除好感之外还有性吸引、人格魅力吸引以及深层价值观的一致等。爱情内容丰富，有多个层面的因素；好感则浅得多，仅仅是一种表层的吸引因素。更为重要的是，爱情是在双方交往互动中产生的一种相互倾慕、相互吸引、相互依恋、相互奉献的深厚感情，是一种深刻的内心体验；好感则不一定要互动，它仅仅是一种表面的感觉，主要诉诸接受者的耳、目。所以一定要区分开好感与爱情，千万别把好感误当作爱情。

2）爱情与性吸引。性吸引是性发育成熟的男女之间因性而产生的一种吸引。性吸引也是构成爱情的重要成分，但不是爱情本身。构成爱情的要素很多，单一的性吸引不构成爱情。性吸引可以是单纯生物学意义上的吸引，爱情的吸引则是生物学、社会学、美学意义上的综合的深厚的吸引。性吸引可因性欲的减退、性征的消失或对性的熟悉、麻木而丧失，而爱情则相对稳定而长久，爱情一旦形成，一般不会因性吸引的消失而消失。因此，切莫把性吸引当作爱情。

3）爱情与友情。友情是朋友之间的友好感情。异性之间的友情最容易被误认为是爱情。友情虽然可以发展为爱情，但友情和爱情确实是两种不同的感情。友情一般不带性的色彩，也比爱情平淡一些。爱情比友情构成要素多、层次丰富，也比友情深厚浓烈。爱情具有排他性，友情不具有排他性。下列自测可以帮助人们区分友情与爱情：一是对方对我有无性吸引；二是别人与对方交往，我是否会嫉妒；三是离开对方，我是否会感到刻骨铭心的思念；四是看到对方，我是否会感到愉悦；五是看到对方的物品，我是否想接触或占为己有；六是我是否会常拿对方与我理想中的配偶相比较；七是看到一处好风景或好玩的地方我是否最想和对方一起分享。一般而言，肯定的答案越多，越有可能是爱情，否则就是友情。

（2）爱情的进程与心态。

1）爱情的进程。青少年情窦初开，随着性生理的发育，两性之间的关系和心理要经历萌芽期、疏远期、恋爱期三个阶段。从年龄来看，20 岁左右的青年已进入恋爱期。进入恋爱期的青年也要经历吸引、了解、磨合、成熟四个阶段。四个阶段都有各自的目标、任务和特点。

吸引阶段：是青年男女相互吸引的阶段。随着性生理的成熟，青年男女因性的需求、性的神秘感和个性魅力而产生吸引力，深深地吸引着对方。这一阶段的任务是修饰打扮，美化外形，修养内心，培养气质风度，表现人格魅力；目标是吸引注意，选择恋爱对象。神秘感和表现欲是这个阶段的主要心理特征。

了解阶段：是有恋爱意向的双方互相探知对方的意向、了解对方情况的阶段。这一阶段因上一阶段的强烈吸引而有意加强接触。这一阶段的任务是多方观察、打听、了解；目标是了解对方有无与自己恋爱的意向，了解对方的个性、人品、家庭、社会关系，确定是否和对方建立恋爱关系，同时也继续展示自己的人格魅力，让对方靠近自己、了解自己。表现、猜疑、试探是这一阶段的主要心理特征和行为表现。

磨合阶段：是确定了恋爱关系的双方进一步了解对方、改变自己适应对方的阶段。这一阶段的主要任务是了解对方的性格特征和对方对自己的要求，不断按对方的理想模式改变自己，并针对对方的性格调整自己以适应对方；目标是通过尝试、改变和调整，发展恋爱关系，在恋爱观、婚姻目标上达成一致，并探索双方性格的弹性，以适应对方的性格和二人关系。宽容、忍让、迁就，不以自己为中心，是这一阶段的必要心态。

成熟阶段：是恋爱双方经过磨合达到适应的阶段。这一阶段的任务是发展二人的亲密度、透明度、依恋性和适应性；目标是通过进一步开放自己、改变自己，与对方达成人生目标、家庭目标的高度一致，达成最高的依恋和亲密度，为下一步进入婚姻做好准备。当双方一有想法就非告诉对方不可，一有享受的机会就首先想到对方，一有困难也首先想到对方，一有重要打算就必与对方商量，对方一刻不在眼前就会极度思念时，就表明二人的恋爱已经成熟，谈婚论嫁就可以提上议事日程了。

进入恋爱的人要懂得爱情发展的阶段性规律，了解爱情发展各阶段的特点、任务和目标，遵循爱情发展的自然进程，完成每一个阶段的任务，不能急于求成，跨越阶段，也不应迟延时日，坐失良机。

2）爱情的心态。恋爱是青年的天性，但恋爱要顺利、成功，却并非易事。有的年轻人，学业不错，事业也不错，攻克高深难题不在话下，攻克爱情的堡垒却屡屡败走麦城。他们以为凭着决心和毅力，像攻克难题一样去攻克爱情，必定会战无不胜，殊不知越是用力越不讨好。因为爱情也是一门学问，也需要学习。许多人认为爱情的学问就是方法，殊不知方法由态度决定。相比较而言，态度重于方法。方法属于技术层面，因对象不同而不同，因此很难有什么万能的爱情战术。但是心态则有很大的共性。一般而言，爱情成功的心态不外乎自然、自信、非功利三种取向。

自然：自然是指一个人的人格魅力是由自身固有素质自然生发出来的。换言之，素质优秀、修养深厚的人，一举手一投足都魅力十足，而自身缺乏素质，刻意表现出来的“魅力”则极为别扭甚至滑稽可笑。倘有那种模仿力强、表演技巧高的人，可能也会谈吐幽默、风度翩翩，但那仍然是假风度，雕琢痕迹明显。只有那种由自身素质散发出的雍容大度、自然得体的风度，才是真风度。所以，“自然”是爱情成功的首要要素。“清水出芙蓉，天然去雕饰”，自然是最高境界的美，也是恋爱的首要心态。以自然心态对待爱情，以自然心态表现自己，不强求，不做作，不掩饰，即使你的修养不算深厚，形象不够潇洒，也会让你的人格添上几分魅力。

自信：自信是爱情成功的有力保证。一个人只有相信自己有魅力、有能力，才能率性表达，不假伪饰。自信是一个人形成人格魅力的基础、事业成功的前提，也是恋爱成功的保证。自卑的人，在与恋人接触时，或沉默刻板，或拘谨小气，或言语结巴，就连原有的才华都表现不出来，更不能超常发挥，这就很难博得对方好感，更谈不上对对方产生巨大的吸引力了。也许有人会说："自信谁不想，但我的条件很差，怎么自信得起来？"其实不然，心理学早已证实，自信是一种心态，与条件无关，条件好的可以自卑，条件差的也可以自信。一个人只有充分自信，才能表现为人格阳光、积极向上、朝气蓬勃、魅力四射，即使有这样或那样的缺陷或不足，也要使人感受到活力，这样，原有的聪明才智才会发挥到极致，才会有信心驾驭爱情之舟乘风破浪。

非功利：急功近利是爱情的大敌。爱情不仅排斥各种各样物质和非物质的功利目的，更加排斥把婚姻作为功利目的。诚然，良好的爱情必然达至婚姻，但婚姻不过是维护爱情的法律手段。不少人抱着恋爱就是为了结婚的想法，一进入恋爱便孜孜以求，所有的交往都以能否结婚为进退的依据，在恋爱过程中必然患得患失、斤斤计较，恋爱尚未成熟就急于结婚，一旦结婚就以为大功告成，忘记了爱情。这样一来，结婚成为功利目的，爱情就沦为手段。爱情的纯洁性、高尚性大为减色，势必吓退不少美好爱情的追求者。恋爱中的人如果把婚姻作为功利目的，就会受到这一目的的压迫，无法形成轻松的恋爱关系。抱有功利目的的恋爱者时时注意自己的目的能否达到，就必然时时注意自己的言行能否博得对方的好感，因此而紧张拘谨，失去爱情的自然性，要么刻意呆板，要么频频失误。这样一来，对对方的吸引力就会大减，恋爱成功的概率也会降低。

2. 把握爱情的形式与层次

文学家常说，爱情就是爱情，爱情是没有理由的，爱情也是没有层次的。文学家这样看待爱情是可以的，因为文学家用感受解读爱情。心理学家这样看待爱情就不行了。因为心理学是研究认知、情感和意志的学问，而爱情是情感的一种，所以，心理学必须研究爱情的本质、原因，还要研究爱情的构成要素。爱情从构成来看，有五个层面；从形式来看，有三种形态；从追求者来看，有三种类型。

（1）爱情的五个层面。

1）性欲。典型的男女两性之间的爱情，是以异性间的性吸引开始的。对方以性的特征吸引自己，自己也以性的特征吸引对方。性欲是爱情的首要因素，也是爱情的基础。有了这个基础，才谈得上爱情的其他层面的要素。

2）占有欲。占有欲是恋爱双方把对方据为己有的强烈欲望。男女双方进入爱情之后，都有这种欲望，希望对方专属于自己，自己也专属于对方。爱情的占有欲只限于性权利和情感权利的独有，不涉及人身权利和财产权利的独占。越过性和感情的边界要求独占，把对方的人身权利和财产权利也归于自己独有，那就是专制，是侵犯人权，而不是爱情。仅限于占有欲的感情不是爱情，越过边界的占有欲则可能导致暴力和罪恶。

3）向心欲。向心欲是恋爱双方想结合为一个整体的强烈愿望，爱情发展到一定的程度，双方就强烈地希望和对方在一起，在心理上、情感上希望结为一体。这种愿望表现为：有了困难共担，有了快乐共享。向心欲是爱情的较高层面，它体现了二人的共体性，强调二人关系的高度和谐和共生，强调双方利益的一致性。

4）置换欲。置换欲是恋爱双方的一种相互置换，即把自己变为对方，把对方变为自己的强烈冲动。尽管真正的置换实际上做不到，但是作为一种心理上的冲动却是真切的。通俗地说，双方的置换欲就是想把自己的利益给对方，把对方的困难给自己。例如，对方生病，自己就想把健康转让给对方，让自己生病，让对方健康。置换欲是爱情发展到较高阶段的必然要素，是爱情的高尚性的重要条件，因为它体现的是一种为对方着想的心理取向。

5）奉献欲。奉献欲是一种为对方奉献一切的强烈冲动。怀有奉献欲的人甘愿为对方奉献，为对方牺牲自己的利益，有奉献才有幸福，自己的幸福感随奉献的多少而增减。

（2）爱情的三种形式。

1）性爱。性爱是爱情的一种重要形式，它通常处于爱情的第一阶段，对应的人生阶段是青年。从心理学上分析，性爱是一种激情，带有强烈的冲动性。

2）情爱。情爱是一种充满情调和情趣的爱情，它是爱情的第二阶段，对应的人生阶段是中年。情爱的主要成分是情，而性已退居次要地位。情爱的重点是情，虽然不能完全离开性，但愉悦双方的主要是情趣。这时的爱情，包括了许多理性成分。双方在价值观大体一致的前提下，欣赏对方的幽默或多情；在对人生的感悟、家庭的经营、世事的历练中，共同追求富有诗意的浪漫，追求充满情趣的愉悦体验。

3）亲爱。亲爱是一种类似亲情的爱情，它是爱情的第三阶段，对应的人生阶段是老年。亲爱的主要成分是“亲”，激烈的性、浪漫的情已退居次要地位，取而代之的是一种对亲人的牵挂。亲爱虽然不如前两个阶段的爱情那么强烈，但它体现为一种不离不弃、难舍难分的思念，表现为对对方的在意、牵挂。

性爱、情爱、亲爱从历时性来看可以是爱情的三个阶段，从共时性来看又可以是爱情的三种要素。因此，我们只能大体上把它与人生的三个阶段对应，但并不是说只有在某个阶段才有三种爱情形式之一种。实际上，每一个人生阶段的爱情都具有三种形式，只不过相对应的那种形式更突出而已。

（3）爱情的追求类型。

1）精神满足型。这是以达到精神满足为目的的爱情追求类型。这里的“精神满足”指理想、信仰、信念、事业、情趣、气质等方面的满足。属于这种追求类型的人，一般表现为对对方的事业心、理想、情操、志趣、能力、气质、激情、朝气等有较高的要求。但它不同于追求名誉的功利满足型，前者着重追求实际的知识、才干，即追求对方的实际价值，而不是一味看重对方的职务和地位。因此，一般说来，这是一种较高尚的追求类型。

2）感官满足型。感官满足型是以获得感官上的满足为心理特征的追求类型。所谓感官，指的是视觉、听觉、嗅觉、触压觉、温度觉等，这里则主要指通过视听在大脑皮层引起的反应。异性的外貌、体态、音色、风度等形、声刺激，通过相应的感受器传入大脑皮层的相应部位，经过下丘脑的协调作用，唤起美感，进而形成对异性的倾慕、爱怜的心理倾向，这便是感官满足导致爱意的生理过程。感官的评价（外在美的评价）是低层次的评价，在爱情中更重要的是理智评价（内涵美的评价），也就是对异性的理想、情操、才干的评价。

3）功利满足型。它是以对方的门第、家产、地位、名声、住所、职业、社交能力、驯服度及便于达到个人某种目的的条件为爱情的前提的实用主义追求类型，它又可分为四类：物质满足型、虚荣型、实质型、利用型。

（4）爱情的缔结途径。

1）旧情相爱。相爱的双方，从小在一起长大，青梅竹马、两小无猜，童年的友谊这种“旧情”慢慢转为青年的爱情。这个转变过程是爱情建立的关键。

2）共处相爱。两人在共同的学习、工作中建立爱情，这是较为普遍的爱情缔结途径。因为在共处的岁月中，双方可充分了解、正确评价对方。

3）邂逅相爱。在偶然的场合男女相遇，产生爱情。一见钟情便属于这种缔结途径。邂逅相爱的成功率一般较低。

4）媒介相爱。这是指通过介绍人（“红娘”）穿针引线促成的爱情。

5）信息相爱。获得信息者对被宣传对象产生爱情，以前是通过报纸、图书、广播等宣传途径，现在则主要是通过互联网。

二、幼儿教师的性心理问题与心理调节

（一）培养健康的性心理

人们利用超声技术发现，人在出生前几个月，就存在性反射勃起。专家们认为，从婴儿来到世界上的那一刻起，他们就有了性唤起的能力。刚进入青春期的时候，面对急剧的生理变化，无论是男性还是女性，都会感受到一定程度的不安、害羞和好奇，并普遍表现为对性特征的关注。这时，男孩对遗精、女孩对月经都会有紧张甚至惊恐的感受。

除了对自己的性特征很关注，青少年对异性的性特征往往也充满兴趣，渴望了解，并有强烈的好奇心。在外在的行为表现上会先经历一段异性之间相互疏远的时期，彼此之间自动拉开距离。在这个阶段里，无论是什么活动，两性之间的界线都往往比较分明。慢慢地，生理上的成熟唤醒了强大的性本能。之后，异性之间的吸引力会迅速上升，人会不由自主地对异性产生兴趣、好感和爱慕。有研究表明，这种两性的吸引存在明显的性别差异。在对异性感情的流露上，男性一般以外显和热烈为特点，女性则一般以含蓄和深沉为特点；在内心体验上，男性以新奇、喜悦和

神秘为主，女性以惊慌、羞涩和不知所措为主；在表达方式上，男性比较主动、直接，女性比较被动、间接。

性冲动是在性激素和外界刺激的共同作用下产生的，它既是一种正常的生理反应，也是一种正常的心理反应。从某种角度上讲，建立良好的异性间的人际关系会有完善人格的重要作用，是保持心理健康的重要途径。有关专家调查结果表明，94%的青年希望与异性交往，但现实中经常与异性交往的只有22%，有70%的人感到与异性交往不自在，如脸红、心跳加快、语无伦次、手足无措等。在与异性交往的过程中，行为表现的矛盾性比较明显。例如：心里对异性很感兴趣，但表面上却显得无动于衷，甚至采取回避的态度。

性是自然的，并不神秘。性是自然界的一种现象，是生物遗传的一个环节，性行为是一种自然行为。人类的性行为不同于动物，它具有社会性。对人类性行为的意义应予以正面肯定，某些性行为的负面意义是派生的，并非本质属性。性快感是健康的，不必避讳。性的愉悦性是人类性行为的固有属性，是美好的、健康的。它强化了恋人和夫妻的亲密度，而且其美学价值也不容低估。

（二）夫妻性心理调适

1. 树立夫妻性生活心理的平等性

心理观念平等的夫妻的性生活既具有繁衍后代的功能，又能带来性的满足、爱的幸福，并能促进彼此人格的发展。由于受社会习俗及传统观念的影响，女性在性生活中经常处于被动、消极的状态。要丢弃陈旧观念对女性心理的压抑，提倡夫妻性生活心理的平等性，即平等的性欲要求、表达方式和主动权。强迫发生性行为或消极地忍受性生活，都是不利的，往往会引起对性生活的反感、厌恶、冷淡，乃至造成性功能障碍或其他的心理卫生问题。

2. 重视夫妻日常感情的建立

良好的夫妻感情是性生活和谐的基础。感情和谐的夫妻在性生活中更倾向于使用接吻、拥抱与爱抚等性接触方式促进彼此的性唤起。存有感情隔阂、不信任与积怨的夫妻，会降低彼此相互的性吸引力。

3. 理性调控对性生活和谐的期望值

研究发现，夫妻对性生活所带来的性快感的期望值不宜过高，否则易造成失落感。有些夫妻过分追求每次性生活中的性高潮体验，同时又担心达不到，造成心理紧张、害怕、担忧、焦虑等，这对性生活是极为有害的，甚至会诱发性功能障碍。

4. 以正确的态度看待性生活中出现的问题

对于夫妻性生活中出现的不顺利状况要持正确的态度。性生活不是单方面的事情，而是夫妻共同参与的性行为过程，要避免埋怨与指责，推卸责任。相互不体谅、不安慰会进一步加剧问题的严重性，降低彼此对性生活的兴趣，以至于影响夫妻感情。最好做到主动调节自己，积极耐心地寻求问题解决的办法，必要时可求助于专家和心理医生，接受咨询与治疗。

5. 了解性生理与性心理知识，克服性观念障碍

了解和掌握有关对方及自身的性生理、性心理特点是获得和谐美满性生活的前提条件之一，是夫妻性心理健康的重要途径。另外，夫妻双方对性生活要持有正确的观念，努力克服一些不利于夫妻性生活和谐的消极或非理性思想。

6. 保持适度的性生活频率

从心理卫生的角度来看，性生活是夫妻双方的生理与感情需求的满足。性生活的频率要因人而定，只要彼此不感到影响身心健康及日常生活和工作，就是正常的和适度的。

知识点3 婚姻与家庭关系的调适

学前思考

在学习之前，我们先来思考以下几个问题：

1. 在一个家庭中，家庭成员应怎样进行有效的沟通？

2. 在婚恋生活中，你遇到过心理挫折和感情危机吗？如果有，你是怎样调整的？

一、家庭沟通和夫妻关系的心理调适

（一）家庭沟通技巧

以平常心来看待家庭成员，接纳每一个家庭成员，是家庭有效沟通的前提。以父母为例，下面是称职的父母所需具备的四种关键沟通技巧：

（1）倾听。你的孩子需要表达许多感情和愿望。不要拒绝、羞辱、质问或威胁他们，也不要忽视他们。如果你不倾听，他们的感情就会闷在心里，或者转化为困惑和愤怒。在积极倾听孩子的声音时，父母所需具备的最重要的能力就是设身处地为孩子着想，站在孩子的角度体会他的感受。孩子爱憎分明，但对如何有效表达感受却毫无经验。要想准确地了解孩子的想法，首先就要学会耐心倾听。

（2）表达。有五个向孩子有效表达自己的基本原则：一是具体，你的要求和想法应当尽可能具体地加以表达，需要给孩子规定清楚的界线——在此界线之内，尽可以自由地、放心地行动，越过此界线他们就得承担必然的后果；二是即时，有什么烦恼，就立即说出来，孩子做了什么后立即受到赏罚，他们就能学会怎样做才是最妥当的；三是就事论事；四是前后一致；五是开诚布公。

（3）共同解决问题。父母与孩子之间最难解决的问题之一是彼此的需要发生冲

突，即你的正当需要干扰了孩子的正当需要，反之亦然。这类冲突的一般领域是家务、共享空间。解决这类冲突最有效的方法是合作。这种方法避免了过于专制或过于纵容的缺陷。用合作方式解决冲突，你就必须心甘情愿地将权力放在一边。你必须诚心诚意地这么做，并使你的孩子确信你是诚心诚意的。一开始他们也许会抵触或怀疑。那么，不妨采用开诚布公的方式："我正在学习怎样做一个好父亲（母亲），我希望你与我一起努力。"

（4）放手。有时，亲子间的长期冲突可以通过承认某些决定和问题完全是孩子自己的事而得到缓解。如何处理发式，如何择友，如何穿戴，如何整理自己的房间，或者如何花零用钱等，最好让孩子自己决定。

上述沟通技巧也适用于夫妻。当然夫妻沟通要更强调感情，"讲情不讲理"是夫妻相处的原则，也是夫妻沟通的原则。在此原则的基础上，夫妻之间的沟通可以有多种形式，可以有语言沟通、书面沟通、肢体语言沟通等，甚至吵架也是一种沟通，虽然它不是最好的沟通方法。作为沟通的"合理争吵"必须注意以下几点：就事论事，不要扩大，更不要提那些伤感情的往事；不要涉及他人；对引起争吵的事情只描述，不定性；限制时间；效果取向而非结论取向。

（二）夫妻关系的心理调适

婚姻关系是家庭的轴心，婚姻是否顺利，与结婚的动机有很大关系，以爱情为目的的婚姻加之两人精心的经营，彼此建立感情，婚姻就会长久、幸福、美满。从心理和行为角度来分析，良好的夫妻关系是婚姻幸福、美满的保障。夫妻关系的心理调适应从以下几个方面着手：

（1）夫妻间的尊重与信任。夫妻之间在人格上是平等的，相互的尊重与信任是处理好夫妻关系、增进心理健康的重要途径。尊重与信任是一切交往的基本原则，是良好夫妻关系建立和维持的基石与纽带。夫妻间人格的尊重与信任主要体现为：夫妻双方不论职位的高低和能力的大小，在家庭中均享有平等的权利和义务，应该相敬如宾、忠贞专一、坦诚相待。

（2）夫妻间角色的调适。夫妻间的相互关系是一种特殊的人际关系，是家庭诸种关系的核心，它比同胞关系、亲子关系、婆媳关系等家庭关系更显亲密且特殊。这就要求夫妻双方应建立"夫妻同盟"，即在外人看来夫妻是一体的且不可分割，从而维护夫妻关系的利益。由于夫妻关系存在于社会大环境之下，因而夫妻双方应随着环境的改变而及时调适角色以适应环境。比如在家是夫妻关系，即私人性的关系，进入工作单位，就会成为社交性的关系。在父母跟前，动作、行为应适度；在孩子面前，应以不伤害孩子的心理健康为原则。因此，夫妻关系的角色调适相当重要。

（3）夫妻间差异的适应和互补。心理学研究表明：人与人之间存在个体的差异，夫妻双方要正视彼此在能力、气质、兴趣、爱好等方面的差异性，主动适应与协调。夫妻间差异的互补不是消极的迁就和忍让，而是在个体差异上的一种积极补偿和平衡，是相互取长补短和密切合作，做到气质、性格方面的刚柔相济，动静相宜，在能力方面各取所长，逐步缩小夫妻间的距离，获得整体的协同效果。

（4）夫妻间的沟通。夫妻之间的交流与沟通，首先要善于体察、深切感知对方的心理变化，主动调整自身适应这种变化，达到彼此间情感的息息相通和心心相印，深化感情。其次要为对方着想，尽量满足其生理、心理需求。最后要进行心理沟通。心理沟通要有一定的技巧，交流要真诚，可利用亲切、温和的语言和目光，善意的表情，以及对对方的关怀和爱慕之情来增进沟通，尽量避免责备与批评的话语，以防伤害对方的情感与自尊，造成交流难以进行而产生隔膜。经过时间的流逝、个性的磨炼，夫妻感情会趋向稳定和成熟。

幼师的职业特殊性使其每天要面对巨大的心理压力及烦琐的日常工作，作为他们的另一半应对他们的事业予以尊重和支持，而不要觉得“只是在带孩子”。幼师如果在工作生活中遇到了压力和困难，也要主动对家人敞开心扉，寻求排解和支持。

二、婚恋生活中的心理挫折和情感危机的心理调适

（一）婚恋生活中的心理挫折和情感危机

人们都希望自己的婚恋生活浪漫、美好。但是在婚恋生活中，也不乏苦涩和忧伤、坎坷与挫折，因此要正确地认知婚恋中的挫折，及时调适自己的情感。

1. 婚恋生活中的心理挫折

（1）单相思与爱情错觉。单相思多发于初恋期，是一种较常见的心理现象。根据单相思与爱情发展的不同阶段的联系，可将其分为求爱前的单相思和求爱失败后的单相思。爱情错觉是单相思的一种形式，是指在异性间的接触、往来关系中，一方错误地认为对方对自己“有意”或将正常的交往和友谊误认为是爱情。

（2）三角恋、多角恋。由于爱情的排他性、专一性，三角恋、多角恋等恋爱关系不能正常维持，可能会导致心理危机和情感悲剧。

（3）婚外恋。婚外恋又可分为两种情况：一种是自己已有配偶，但在心理上和行为上追求配偶以外的已婚或未婚异性；另一种情况是接受婚姻之外的已婚或未婚异性的追求。无论哪种情况，在当今社会生活中，婚外恋伤害他人的夫妻感情，扰乱他人的家庭生活，是一种严重的社会不安定因素。

（4）失恋。失恋是一种常见的恋爱现象，是指处于恋爱交往中的男女，由于某种原因，双方或一方不愿再保持彼此的恋爱关系。失恋造成的负面心理影响危害极大，可以说是人生中较大的心理挫折之一。失恋者往往将失恋与自己的能力、命运和人生联系起来，产生人生如梦的感觉。如果失恋的苦恼与烦躁不能有效地发泄出来，处理不当，长期的压抑就会造成心理失衡，影响自我发展。

2. 婚恋生活中的情感危机

情感危机是婚恋挫折中最严重的不良心理反应，在失恋、单相思、三角恋等恋

爱的心理挫折中均有出现。情感危机是指当事人由于情感上遭受到突然的打击而产生的极度悲痛、抑郁、焦虑、愤怒乃至失去生活勇气的消极情绪体验。情感危机会使人心理上受到严重的伤害，无法控制自己的思想、情感、态度与行为，影响正常的学习和生活，严重者会导致自杀，以及不择手段地诽谤、诬陷、伤害对方等恶性事件的发生。

面对婚恋生活中的心理挫折和情感危机，可以寻求他人或心理咨询机构的帮助，但根本上还是要依靠本人对爱情的认知和自我心理调控能力。婚恋的挫折是爱的平衡被打破，恋人间的情感共同体解体，必然伴随着苦闷与烦恼。失恋只是失去一个人的爱，并没有失去被爱的权利，要适当地宣泄以缓解巨大的压力和精神紧张，避免过分压抑自我的负面情绪，以免导致心理疾患。

（二）恰当的恋爱方式与失恋的心理调适

1. 恰当的恋爱方式

（1）提倡文明理智的恋爱方式。热恋中的男女常常表现出对恋人亲近的欲望。要用理智控制自己的言行，用道德约束自己的行为，用文明、含蓄、高雅的方式表达爱慕之情。自尊、自重、自爱是中华民族的传统美德。

（2）学会调适热恋中的性冲动。热恋中产生强烈的性冲动，这是性成熟的必然表现，也是恋爱中的正常生理反应。如果不会调适这种性冲动，过分放纵或压抑，都会带来身心损害，严重的还会造成心理问题。但调适性冲动要注意克服两种错误观念：一是性邪恶观念；二是性放纵观念。此外，婚前发生性关系所产生的恐慌、不安、自责等复杂心态，会为婚后生活留下阴影。

2. 失恋的心理调适。

失恋的痛苦是深沉而剧烈的，说它深沉，是因为它可能带来难以愈合的创伤；说它剧烈，是因为它能在一个短暂的时间内引起难以压抑的冲动，甚至是失控、反常。失恋后不正当的行为方式，无论是外泄性的攻击还是内郁性的自我折磨，对社会、对自己都是有害的。摆脱失恋的痛苦的方法主要有以下四种：

（1）克服“爱情至上”的观点。爱情是重要的，但它毕竟不是生活的全部，人生更重要的是对理想、事业的追求，是不断的探索。

（2）环境转移。失恋后即刻换个环境，暂时与能触动恋爱的痛苦回忆的景、物、人隔离，不失为聪明之举。

（3）感情转移。失恋的原因是错综复杂的，一旦失恋，就要客观、冷静地分析失恋原因，看是否可以挽回。如果无法挽回，就需要自我排解，不应造成舆论诋毁对方。

（4）多为对方着想，只要他（她）能幸福，就让他（她）离开吧。这是极其崇高的情操，是完全为对方幸福着想的无私。能做到这一点，心理便能较快地恢复平衡状态，不会总让自己陷在痛苦之中了。

要摆脱失恋的痛苦，正确处理失恋事件，根本上还得靠自己。培养起坚定的信念，树立起坚强的事业心，是防止失恋失控、减少失恋痛苦的最好办法。

拓展知识

婚姻与家庭幸福的秘诀

1. 和谐稳定的家庭

促进和谐的办法有很多，但我们认为秘诀只有一个，那就是一个字——爱。正如一首歌所唱的："如果人人都献出一点爱，世界将变成美好的人间。"如果夫妻双方都能为对方、为家庭奉献出自己的一份爱，那么这个家庭将会变成一个充满着幸福和欢乐的港湾。人生活在这个幸福的、充满着爱的家庭里，才会心情愉快，充满活力，身心健康。千百年来，人们都很重视家庭的和谐稳定，并将它作为衡量一个人有无能力的标准。家庭和谐，夫妻双方均受益。有统计资料显示：在百岁以上的长寿老人中，夫妻双方均长寿者占多数。家庭幸福、和谐、安宁，有利于双方的健康长寿。

2. 相互信任和宽容

夫妻双方在生活中有时会遇到一些小矛盾、小误会，双方要本着互相信任与互相宽容的原则，平息矛盾，消除误会，切不可因日常小事争吵而使矛盾升级，甚至由此导致婚姻破裂。许多婚姻破裂的原因就是双方不信任、不忍让。所以，互相信任和宽容才能维系家庭的幸福。

思考练习

1. 如何培养婚姻中两个人的和谐关系？
2. 怎样处理家庭成员之间的冲突？
3. 当你在婚恋生活中遭遇挫折和打击的时候，怎样调节自己的情绪？

第八章

休闲活动与心理健康

案例引入

一个游客到海边旅游，看到一个渔夫在悠闲地钓鱼，就问道："你为什么不出海打鱼呢？多打点鱼可以挣更多的钱，钱多了可以买一艘大渔船，然后打更多的鱼，赚更多的钱，然后你就可以用这笔钱在海边建造一幢房子，空闲的时候，晒晒太阳，钓钓鱼。"渔夫一听就笑了，说："我不是正在晒晒太阳，钓钓鱼吗？"

这个故事之所以让人有所触动，是因为忙碌的现代人在疲于奔命的节奏中，充满了对休闲生活的渴求和对生命本身的思考。

通过本章的学习，我们需要重点解决以下几个问题：

1. 休闲活动的定义与意义是什么？
2. 休闲活动的类别与功能有哪些？
3. 幼师如何选择适合自己的休闲活动？

学习目标

学习完本章内容后，你将能够：

- 了解休闲活动的定义与意义；
- 理解休闲活动的类别和功能；
- 了解幼师如何选择适合自己的休闲活动。

思维导图

以下是本章内容的整体框架以及学习这部分内容的思维过程规划。此图可以帮助你从整体上了解本章内容的知识结构和学习路径，包括什么是休闲活动、休闲活动的特征等。请你仔细品读和理解，帮助自己建立对本部分知识的整体印象。

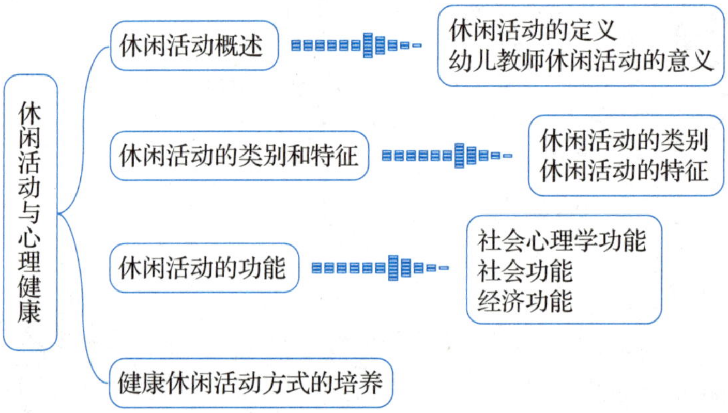

看完上面的思维导图后，你是否已经对本章所要学习的内容以及如何学习这些

内容有一个初步的整体印象了呢？接下来，我们在这个整体框架的指引下来逐一学习每个知识点的具体内容。

知识点 1 休闲活动概述

学前思考

在学习之前，我们先来思考以下几个问题：

1. 休闲活动就是在家休息吗？
2. 休闲活动能给我们带来什么好处？

拥有闲暇是人类一直以来的梦想。以自己的方式生活，做自己想做的事，这就是休闲活动所隐喻着的幸福。如果没有休闲活动，人的生存仿佛就少了更富人性的一部分。

了解休闲活动是很重要的，比如：为什么人需要休闲活动？休闲活动又能带来何种满足？对于有些人来说，这是生活满意度的重要来源。

休闲活动，不只是在家里消极地休息，也不只是为了消除劳动的疲劳，它已具有越来越独立的意义了。现代人的休闲活动应该走进社会和大自然中去。休闲活动在今天已经具有了更深刻的文化意蕴，而且越来越关系到人的自由和全面发展。休闲活动对人类的身心健康、社会的经济体系，甚至对文化价值都会产生重大的影响。

一、休闲活动的定义

“休闲活动”一词的确切含义是什么？有很多心理学家将休闲活动和工作进行对比，以期对休闲活动做出恰当的定义。

在与工作的对比中我们发现，工作的特征是目标导向或工具性的，因此可以将休闲活动描述为抒发性的、不另追求其他目的的、具有内在性酬赏的活动。但是我们会发现这种定义是片面的，较激烈的休闲活动也会涉及目标的追求。因此，我们可以说，休闲活动是一种活动，人们之所以从事休闲活动，是因为他们喜欢做，不另追求其他目的，为的是娱乐自己、自我改善或是基于自己所选定的目标，但不是为了物质上的利益。事实上，休闲活动既是个人的，也是社会的；休闲活动行为既是为了寻找快乐，也是为了寻找生命的意义。我们通常可以从以下几个角度来描述、解释休闲活动。

（一）自由控制时间的观点

休闲活动是在工作时间之外、生存的基本需求满足之后所剩余的时间里进行的活动。个人可以自由地支配这些时间。按照这种观点，个人的时间可分为三个主要的类别，即生存所需的时间（睡眠、饮食等），维持生活所需的时间（工作时间），以及休闲活动的时间。

依照这个理解，休闲活动就是指根据个人的愿望和爱好自由选择的活动。这样来看，休闲活动的范围近似无限，部分工作、家务都可以归入休闲活动的范畴。但休闲活动有一个明显的特征需要和其他活动加以区别，那就是：休闲活动一定是以缓解压力为最终目的和结果的。

在这种观点下，自由时间等同于休闲活动本身，或者说它是休闲活动的必要条件。也就是说，在这些时候，我们拥有相对多的自由，可以做想要做的事。任何活动，只要是自由选择的，并为个人在进行该活动的过程中谋得一种自由的感受，就属于休闲活动。这个观点从体验入手描述休闲活动，但体验总是稍纵即逝的，并且它不能清楚地界定休闲活动与工作的界限。

此外，要界定什么是“自由时间”也是很困难的，由此会带来一系列的问题。比如，我们习惯将休闲活动和闲暇时间等同起来。所谓闲暇时间，即自由支配的时间。依照这种理解，懒惰与无所事事也是一种休闲活动。但闲暇时间不等于业余时间。准确地讲，业余时间应该再分解为两部分：非职业工作时间和闲暇时间。非职业工作时间如上下班的交通时间、必需的家务时间等，这都不属于自由支配时间。妨碍我们拥有自由时间的因素因人而异，并与我们所处的文化背景有关。

（二）哲学的观点

从哲学的角度来讲，可以将休闲活动看作是一种生存状态，如亚里士多德所言，是一种“不需要考虑生存问题的心无羁绊”的状态。这种状态也可说成是“冥想的状态”。从这个意义上来看，休闲活动可用于形容人们的从容、宁静和忘却时光流逝的状态。

也有人把休闲活动看作是一种心态，很多心理学家认为休闲活动就是能够从心理上感知到的自由，或是驾驭自我的力量，认为“休闲活动的唯一定义就是心灵的自由感。只要一种行为是自由的、无拘无束的、不受压抑的，那它就是休闲活动。进行休闲活动，意味着作为一个自由的主体，由自己选择，投身于某一项活动之中”。休闲活动时间也是一种思考活动的时间。古希腊哲学把休闲活动时间看作是个人学习与内省的时间，即追求对自我了解的时间。

（三）自我实现的观点

休闲活动本身就被视为一种目的，同时也是享受游戏与娱乐活动的过程。这种观点认为，并非只有工作时间才能实现自我价值，而且并非每一种活动都需要拥有经济价值。

休闲活动也被定义为一系列不同类型的活动。从这个角度来看，休闲活动具有以下含义：一系列在尽到职业、家庭与社会职责之后，让自由意志得以尽情发挥的事情，它可以是休息，可以是自娱，可以是非功利性的增长知识、提高技能，也可以是对社团活动的主动参与。

综上所述，对休闲活动最适宜的定义是：休闲活动是从物质环境和文化环境的外在压力中解脱出来的一种相对自由的生存境遇，在这种境遇中，一个人得以自主地选择自己喜爱的、本能地感到有价值的方式，做自己想做的事情。为活动本身、为娱乐、为自我提高、为自己选定的目标，而不是为获得物质方面的收获而从事活动。

这个定义不仅抓住了自由感——休闲活动的核心，也能区分工作与休闲活动：虽然工作在许多瞬间能产生自由感，但从整体上来看，工作有浓重的“必须”或“不得不”的意味。一个高尔夫球场的教练不得不按照上班时间工作，某些时刻，因为对工作的喜爱和投入，他也能获得类似自由的感受，但他享受的是工作的幸福。闲暇时，他可以摆脱“不得不”的责任，随着自己的心情打球，这就是休闲活动。

同时，这个定义反映了休闲活动的心理学及社会学功能：缓解压力。生命是有节奏的，必然有高潮和低潮。使自己始终都保持身体和心理的最佳状态是不可能的，这样可能产生躯体和心理上的疾病。但如果干什么事情总是提不起精神，处在一种情绪受压抑的状态下，同样对自己的身心健康和工作学习有很大的影响，而这两种情况多半是外部或者内部的压力长时间累积作用导致的。适当的休闲活动可以调养神经，缓解压力，在无意识中潜移默化地调节生命的周期。

而在社会活动中，由于个人和外界发生的必然联系和矛盾，总的来说人面对的压力占了社会心理反应的主要方面。而这种心理压力经过横向扩展和纵向积累，就会在社会上形成集中的反应。当这种反应超过一定限度以后，就像一个涨满蒸汽的锅炉一样，会寻找薄弱的地方释放压力。而休闲活动正好给作为社会细胞的个体提供了一个宣泄压力的空间，这是非常有意义的。

二、幼儿教师休闲活动的意义

休闲活动是人类进步的一个重要标志，表明人类已经从繁重的体力劳动中解放出来了，有了一定的时间来从事自己想做的事。休闲活动是人的一种全新的生活方式，和人的生存质量息息相关。休闲活动质量的高低直接影响人能否完整、全面、健康地发展。幼师这一职业具有工作强度高、心理压力大等特点，幼师经常会觉得身心疲惫不堪，这时合理的休闲活动可以对调整幼师身心健康起到良好的促进作用。休闲活动可以使幼师感到轻松、愉快、满足，可以调节情绪，促进身心健康，丰富生活经验。因此，休闲活动对于幼师来讲，是生活的润滑剂，可以滋润人生、平衡心身、充实知识以及创造新的契机。

知识点 2　休闲活动的类别和特征

学前思考

在学习之前，我们先来思考以下几个问题：

1. 休闲活动可以分为哪些种类？
2. 休闲活动有哪些特征？

一、休闲活动的类别

为了系统地了解休闲活动，就必须对各种各样模糊不清的休闲活动方式进行分类，而且仅做一次划分是不可能达到一种系统全面的概括的。下面我们就从三种不同的角度来划分一下休闲活动的类别。

（一）按照目的分类

1. 逃避性休闲活动

“逃避性”在这里丝毫没有贬义。这种休闲活动方式仅仅是被动地接受外界感官刺激以达到释放压力、放松神经的作用。大脑不必使用大量的空间来记忆，各种外界的信息仿佛过眼云烟一样来去匆匆，但带走的是一天工作、学习的疲劳和烦恼。比如学习、工作之外阅读一些无关的图书或杂志，看电影、电视，进行户外运动或下棋、打牌等。这种休闲活动也是大部分人乐意采取的方式，事实上也是目前被利用最多的休闲活动方式。

2. 一般教养性休闲活动

这类休闲活动和逃避性休闲活动比起来有很多相似的地方。我们很难说在逃避性休闲活动中就没有一点学习和受教育的成分。一般教养性休闲活动特指那些带有目的性的专门进行的受教育活动。比如说参观艺术展览、看演出；进行体育运动技能锻炼，上健美班；学习其他技能；等等。可以看出，这种休闲活动的中心就是学习，如果说逃避性休闲活动是以输出为主，那么一般教养性休闲活动就是以输入为主。

3. 创造性休闲活动

科学研究表明，创造性是人类所特有的思维活动，在工作和学习中我们要用到，即使是在休闲活动中也会得到体现，如作曲、手工、绘画、缝纫、烹调、写作，甚至是一些益智游戏。

4. 服务性休闲活动

这是指在日常工作之外所从事的义务劳动或社区服务活动。这种休闲活动的效果是因人而异的，道德修养、文化素质越高的人越能接受这种方式。这也是休闲活动的最高境界。

（二）按照性质分类

1. 身体休闲活动

许多休闲活动以获得身体放松的感觉为目的。在城市中，这些休闲活动尤其受到青睐，因为城市化的工作条件增加了束缚身体和使精神紧张的因素，放松身体成为必要的宣泄手段。这种休闲活动包括散步、体育运动、休闲活动性劳动等，它们往往能以最直接的方式达到休闲活动与休息的目的。因为身体是人一切机能的基础，当人们的身体得到放松之后，就会有很大的满足感。

2. 实用休闲活动

实用休闲活动是指需要具体完成一种体力劳动的实用活动。虽然实用休闲活动包含着任务，是实用性的，但它是个人自愿选择的，在闲暇时间进行，而且具有很强的愉悦自己的成分，所以仍属于休闲活动的范畴。许多实用休闲活动需要一定的创造性和审美能力，如制作家具、室内装修。还有一些实用休闲活动也可以放松身体，如家庭园艺。在不同的年龄、不同的社会阶层中，都有人醉心于某种实用休闲活动。但是不同性别所选择的实用休闲活动差别是比较大的，如临时修理、小型建筑、家庭园艺等受男性的偏爱，烹饪和缝纫则更可能是女性的爱好。

3. 文化休闲活动

文化休闲活动在理解人性、融入社会和自然、发展个人的艺术创造性方面有独特的作用。看电影、戏剧，听音乐会等是具有代表性的文化娱乐活动。这种休闲活动已经日益受到人们的喜爱，并逐渐成为一种时尚。

4. 社会休闲活动

社会休闲活动是指以人际互动为主的休闲活动。大多数的休闲活动都是在别人的陪伴下进行的，无论是朋友、家人还是那些只有在参加某种休闲活动时才聚在一起的伙伴。家庭休闲活动是一种常见的社会休闲活动。除此之外，人们还可以加入某个协会，它们大多数是在真正的休闲活动场所进行活动，在那里人们追求完美的水准，付出极大的努力，还需要进行训练。各式各样的社会休闲活动是社会支持的来源，也是身体健康、心理健康和幸福感的来源。

（三）按照时间分类

1. 片刻休闲活动

这是人一生中进行得最多的休闲活动，比如伸伸懒腰、做做操、散步、走神、打盹。这些都是我们随时随地可以进行的以零碎时间为主的休闲活动，偏重于休息和放松。

2. 日常休闲活动

这是利用日常工作和学习以外相对比较整段的时间进行的休闲活动。由于时间和精力所限，这样的休闲活动不可能离家太远，实际上大部分是在家里进行的。比如看电视、看书、和家人吃饭、和朋友聊天等，也可以去公园散步。这样的休闲活动效果要明显一些，可以长时间地放松身心。

3. 假日休闲活动

假日有长假和短假之分，但由于交通工具的改善，它们之间的差别越来越模糊。一般来说，假日休闲活动以旅游观光和探亲为主。其实，在这些活动中也包含着其他休闲活动的内容，是人调养身心的好机会。

二、休闲活动的特征

对于休闲活动的认识和理解，不同文化有着不同的解释和表达，但对其本质的追求依然呈现出一种同一性。我国学者胡伟希从中国儒、道、佛的哲学角度出发，认为休闲活动是一种生活方式，也是一种人生境界。同时，他将休闲活动的特征归纳如下。

（一）超越性

超越性是指对当下生活的超越。所谓当下生活，是指我们的行为、思想，乃至于理想，以及趣味等，常常都为“眼前”的东西所限。休闲活动哲学要求我们，在确立人生目标时，要具有超越性，要超越眼前的一些事物，强调人的高级精神性追求与享受；而一个人的生活内容越具有精神性，则越具有超越当下生活的性质。

（二）主体性

休闲活动与其说是从外部世界获得的一种满足，不如说是人内心世界的一种追求。人不是被动地接受外部环境的影响，而是由内在精神去驾驭环境，这充分显示出了人的主体性。休闲活动哲学所强调的，就是在生活目标的设定上，以及人的行为方式的选择上人所具有的这种主体性。而有无主体性，正是人区别于动物之所在。在价值追求上，主体性的强弱也是划分不同人生境界的重要标志之一。

（三）日常性

休闲活动哲学与一般人生哲学的不同之处在于，它要将种种的人生理想、追求以及价值，体现于日常生活世界。也就是说，对于休闲活动哲学来说，它不是空谈哲理，而是透过人的具体生活，如他的行为模式、生活内容，以及行动风格等，来展示他的人格理想、生活价值。因此，休闲活动哲学追求的是理想与现实的合一、知与行的合一。它的价值目标具有超越性，而人生理想的实现，却又处处体现或表现为当下性。

（四）体验性

休闲活动哲学强调人生是一种体验。休闲活动哲学所追求的休闲活动，与其说是一个关于生命的广度概念，不如说是一个关于生命的深度观念。生活的质量，是由生命的内在体验决定的。正是借助于体验的丰富性这个概念，我们才能超越日常生活表面上的平庸无奇；也正是借助体验性这个概念，我们才能领略与体会人性的美。体验性根源于个体生命的独特性。应当说，任何意义的发现，以及生命本质的发现，都是与人的这种独特感受性体验分不开的。因此，体验性不仅是衡量生活质量高低的指标，而且是人的生命价值的重要参数。

知识点 3　休闲活动的功能

学前思考

在学习之前，我们先来思考以下几个问题：

1. 休闲生活会给幼师的心理健康带来什么样的影响？
2. 休闲活动的社会功能有哪些？

休闲活动对幼师有着什么样的功能或价值？它满足了幼师什么样的需要？下面，我们将依次阐述休闲活动的社会心理学功能、社会功能和经济功能。

一、社会心理学功能

休闲活动担负着明显的社会心理学功能，尤其是对个人的心理平衡至关重要。

（一）放松功能

休闲活动可以缓解幼师在工作中产生的生理和心理的疲劳。可以说，这是休闲活动最主要的功能，没有休闲活动带来的放松，工作就无以为继。

放松意味着休息和解放，是一天工作积累的紧张和劳累的消除，是对个人约束和限制的心理解放，同时还有义务的解放。幼师除了从事体力劳动，精神上也非常紧张。他们不仅要有规划、有组织地带领幼儿进行一天的活动，还要面临如幼儿受伤等各种突发事件、自我提升学习以及与家长沟通占用大量下班时间等情况。这一切都是身心紧张的诱因。

在就业时间之外，也有诸多紧张因素。如交通不便、城市空间的拥挤等，这些因素和工作中的紧张与劳累一起构成了对休闲活动的放松功能的迫切需求。

（二）消遣功能

工作和都市生活不仅带来了生理和心理的疲劳，烦恼和忧郁似乎成了现代人的心理象征。人们无奈地过着单一、重复的乏味生活。而休闲活动带来的消遣则可以帮助个人与麻木的日常生活暂时决裂。消遣意味着寻找乐趣和惬意，追求感官的舒适。在现代社会中，消遣还有助于一个人的社会化。社会性休闲活动尤其能满足现代人对情感的需要，在这种需要和他人一起完成的休闲活动（例如，大多数的运动、各种户外活动、跳舞和桌游等）中，他人的交流和陪伴在大部分情况下能即时产生正向情绪，还有心理支持等作用。

（三）发展功能

放松和消遣这两种功能更像是躲进休闲活动，暂时摆脱工作或其他责任、义务，从而实现与乏味生活的暂时告别。在休闲活动中寻求个人发展，可以说是“超补偿”工作的副产品。

因为自由选择的特质，休闲活动扩大了个人的兴趣范围，使人能够积极寻找一切可以帮助生理、智力和个性发展的活动。许多休闲活动可以为人们带来满足感，如喜欢某项活动的感受、活动本身的乐趣以及发展个人的技能等方面。自由选择正是工作所缺乏的。再适宜的工作也只能发展个人的某些方面，并不可避免地限制其他一些方面。一个人总能找到适合自己的休闲活动，并由此表现自己被压抑或被忽略了的个性。因此，一个人应该培养相对于职业生涯而言的最佳互补的业余爱好。对业余戏剧工作者、业余建筑学家的研究表明，他们对某种有纪律、要求严格的活动特别投入，而这看起来同休闲活动的放松特质是相反的。

某些休闲活动能大大提升个体对世界的认识与体验。例如，跳舞的社会性很强，包含了发展及使用技能，而且能舒缓紧张，是一项放松性的活动。另外，它还有着自己特殊的服装和行为方式，这些都能够使人产生更多快乐的体验。

（四）增强自我认同功能

大多数休闲活动都能提升自我形象。比如，有些休闲活动可以使人获得新技能或参加新的社会团体。参与自己喜欢的休闲活动可以提高自我认同感，增强自信心，也有助于参与者在面对心理压力时采取更加积极的应对方式。而那些需要全神贯注而较不普遍的休闲活动形式最有助于增强自我认同，比如支持某个运动队或者某个运动员。

二、社会功能

（一）社会化功能

现代化的劳动条件、高度的城市化、封闭的居住形式导致了社会关系的锐减，居于社会化功能核心位置的家庭也不再是几世同堂。在倾向于将个人简化为生产者或消费者角色的现代社会中，休闲活动的社会化功能更为重要，它有利于个人社会性外向个性的凸显。

（二）象征功能

像所有的社会活动一样，休闲活动也有其象征性的一面。它可以是属于一个社会阶层的信号，也可以是显示自己与众不同的符号。此外，人们还倾向于选择某些特定的休闲活动，以显示自己在职业活动中经常无法表达的个性。

（三）治疗功能

休闲活动的治疗功能与前面提到的两种社会心理学功能——放松和消遣相似。放松能恢复体力，消遣可解除精神紧张。身体休闲活动无疑最有助于保持良好的身体状态。从最简单的散步到专业的体育活动，许多活动都能推动身体和思维的协调发展。休闲活动对身心出现的问题不仅具有治疗效果，还具有预防功能。

三、经济功能

人们往往倾向于通过与工作比较来解释休闲活动，把它排除在生产消费的循环之外。但休闲活动其实是经济的一个重要方面，在经济增长过程中起着重要的作用，而且将会越来越重要。

过去，休闲活动一直受到双重的指责：休闲活动是不生产的时间，休闲活动导致不必要的浪费。现在，这种双重的指责并没有完全消失，但人们也越来越意识到作为消费主体的休闲活动在整个经济中的地位。

随着劳动时间的缩短和空闲时间的增加，劳动者有了更多的休闲活动时间，也能够在更好的情况下恢复体力，因此会更有生产力。劳动者也可以利用这段休闲活动时间来提升自己的专业资格和能力。因此，休闲活动不仅能够恢复体力，还能增强一个人的生产能力，休闲活动和劳动不是必然相互排斥的，这种观点已经得到了肯定。

另外，休闲活动时间同时也是消费时间，它以这种方式来刺激生产力的发展。大多数消费品直接或间接被应用于休闲活动时间，比如食品、汽车、家用电器以及旅游基础设施等。与之相关的休闲活动工业正在迅速发展着。此外，电子和电脑方面的新发展也为休闲活动打开了新的广阔市场，其中摄影器材或是高保真成套音像设备的飞速发展就是一个例子。

从某种意义上来说，休闲活动首先是一种消费行为，可以把它纳入经济体制之中。休闲活动首先是商品的消费，然后才是休闲、放松的空闲时间。然而，也不能过分夸大这种思维倾向。现代休闲活动并不总是屈服于消费原则。休闲活动以空闲时间为前提，其扩展要求更多的空闲时间，以减少工作时的强大压力。而且有些休闲活动的费用并不多，例如散步、钓鱼、踢足球、看书等，无须过分投资。

所以说，休闲活动的经济功能是矛盾的。一方面，我们通过休闲活动来刺激消费，为生产力的发展做贡献；另一方面，当它表现为简单享受空闲时间或是耗费有限的活动时，它又与生产相对立。这两个方面在休闲活动中并存。休闲活动将来的发展取决于这两方面互动演变的结果。

知识点 4　健康休闲活动方式的培养

学前思考

在学习之前，我们先来思考以下几个问题：

1. 你最喜欢哪一种方式的休闲活动？
2. 你最喜欢的休闲活动给你带来了哪些愉快的体验？

越来越多的证据显示，身体老化的过程会因我们身体保健的程度而加速或减缓，常做运动的人可以平均多活 2～6 年，还可以获得很多活力与快乐，尤其是一些有氧运动，如跑步或游泳。呼吸与人的健康和幸福是密切相关的。不良的呼吸习惯会导致疲劳和萎靡不振，同时会使人们的情绪向消极的方向发展，如愤怒、消沉、自卑和莫名其妙的内疚感等。所以，呼吸可作为心理健康的反映，改善呼吸对许多情绪障碍患者是有效的医治良方。根据临床上的观察，精神分裂症的病人多使用上胸部呼吸，而神经症病人多采用浅的横膈式呼吸，因此，医生可以通过教病人如何正确呼吸来帮助病人逐渐恢复正常生活。而正确的体育锻炼对改进呼吸习惯是非常有益的，它能够促进血液循环，增加体内供氧。适度的体育锻炼可以使人的精神状态得到改善，使人感到放松、不那么紧张，工作效率也就提高了。

健身运动可以提升智力的敏锐度，提高工作效率，改善睡眠，保证脑力和体力的协调。运动对心理健康也有益处，可以缓解焦虑和忧郁的心境。

很多大众化的群体健身活动（如健身操、足球、篮球等）对心理健康十分有益。它们不仅可以帮助人们减轻压力，疏导因挫折、愤怒引起的攻击性，而且可以使人们暂时抛开日常生活中的责任和挫折感，保持良好的生活状态。这个作用可以从两方面产生：首先，它使人们意识到社会支持的存在；其次，它能够增强人们的决断能力，这是一种对提高人的能力和改善健康状况都有益处的心理倾向。参与运动还能增强自尊及自信。团体竞争性质的运动对增进人们的合作和发展特长有利。

健康的休闲活动，比如参与健身运动需要更多主动的行动，而不是被动的活动。而替代性的休闲活动，如被电视所左右的休闲活动，就不包含这些挑战，尽管它们被看作是主要的休闲活动方式，但却是不利于健康的。那些在自由时间里常常采取主动行动的人比那些仅仅是被动接受的人的生活状态要好得多。

从健康的角度进行休闲活动还关系到人们的自我效能感，即当人们感到自己能够控制生活中的重要事件时产生的一种感觉。自我效能感低的人通常不会努力把握自己的休闲活动，更愿意依赖替代性的休闲活动。

如果没有对生活的热爱，就无法享受休闲活动，也无法获得健康。人类和其他动物一样，在很大程度上是以快乐为动力的，但和动物不同的是，人类能从新的体验中得到快乐，进而把它当作休闲活动。由此可见，我们在多大程度上生活得健康，取决于健康的行为在多大程度上成为我们休闲活动生活的一部分，取决于我们的休闲活动在多大程度上出于自愿。

拓展知识

幼师进行休闲活动时的注意事项

（1）所有的休闲活动皆应顾及本身的兴趣与意愿，千万不要勉强或限制自己，使得休闲活动成为身心的沉重负担，导致出现本末倒置的现象。

（2）休闲活动最好与日常工作的性质有互补的作用，以产生相对的松弛，充分发挥其调节功能，拓展多样性的生活经验。

（3）休闲活动亦可配合正式工作的需要，延伸个人的内在兴趣，使休闲活动和工作统一起来，促进专业技能水平的提升。

（4）实施休闲活动计划，切勿考虑太多，拖延时日，往往一事无成。休闲活动贵在正当和适量，太过与不及都不是好现象。

（5）实施休闲活动要善用时间，在平日闲暇、短期假日、寒暑假等可根据需要进行不同的安排，把握时间的特性才能完善规划。此外，善用零星时间，亦会平添不少生活的惊喜与乐趣。

（6）实施休闲活动要重视活动的环境，避免涉及不良场所，地点的选择与安排要慎重考虑。

（7）实施休闲活动要有正确的态度，除了消极的休闲活动，亦应同时考虑积极的休闲活动，不要随波逐流，一味追求时髦，而迷失自己的休闲活动取向。

（8）幼师的收入有限，休闲活动开支皆为辛勤劳动所得，因此，实施休闲活动应考虑本身的经济实力，合理消费。

（9）休闲活动的种类可考虑一种以上，最好既有动态活动，也有静态活动，如果能调和不同性质的活动项目，则更可增进个人的适应性，获得多样性的休闲活动效果。

（10）实施休闲活动必须考虑安全措施，唯有在不危害个人身心健康的前提下，休闲活动才有意义，否则不但徒然无功，还会适得其反。

（11）实施休闲活动可采用个别和团体相结合的方式，一方面享受独处的乐趣，另一方面参与团体活动，增进人际关系和社会关系，不但愉悦自己，也可把欢笑分享众人。

（12）休闲活动可以是家庭与学校相结合的活动，通过非正式的活动，促进同事、师幼、亲子、手足间的沟通与感情。

“闲，天定许；忙，人自取。”人的生活贵在自己的安排，工作与休闲活动互相影响，若能调和得当，多彩多姿的人生就会在我们的面前绵延展开，使我们自信、充实又愉悦。“休息是为了要走更远的路”，幼师除了必须在教育的专业技能上不断地成长，以满足幼儿的认知需求，还要培养休闲活动技能，以怡然自得的心境来促进自我的成长，提高生活的品质，享受生命的乐趣，自信地迎接未来幼师生涯的挑战。

思考练习

1. 怎样选择适合自己的休闲活动？
2. 幼师进行休闲活动的意义是什么？

参考文献

［1］张佳敏．幼师学生心理健康问题研究［J］．辽宁广播电视大学学报，2016（1）．

［2］陈鉍中．浅谈当前幼师学生常见心理问题及其对策［J］．科学咨询（科技·管理），2016（3）．

［3］李杰平．幼师虐童事件分析与对策［J］．广西教育学院学报，2016（3）．

［4］夏小林．鄂西北地区幼儿教师的心理状况及应对措施［J］．教育教学论坛，2016（31）．

［5］冯凌，江娅琳，刘彦麟．浅议中职幼师女生心理健康现状与改善对策——以重庆市江津区中职幼师女生为例［J］．科学咨询（科技·管理），2016（10）．

［6］罗香群．男幼师的心理健康状况调查与教育对策分析［J］．陕西学前师范学院学报，2016，32（10）．

［7］王娟，贾林祥．近十年来幼儿教师心理健康状况的元分析［J］．教育测量与评价（理论版），2013（4）．

［8］陈欣．幼师学生心理健康问题研究——以贵阳幼师为例［D］．长春：东北师范大学，2007.

［9］曹煜波．北京市海淀区中学生压力源、压力应对方式及其与体育锻炼的关系［C］//全国体育院校2006届优秀学士论文集．北京：人民体育出版社，2006.

［10］邱亚锋，马丽霞，李玉峰，郭东娥．河南省幼师学生心理健康状况调查分析［J］．健康心理学杂志，2003（1）．

［11］毛荣建，顾新荣．幼师生自尊与心理健康的相关研究［J］．健康心理学杂志，2002（2）．

［12］孙中国．中等幼师女生问题行为的调查分析与对策［D］．烟台：鲁东大学，2012.

［13］耿会贤．幼师新生学校适应与社会支持、应对方式及其关系研究［D］．石家庄：河北师范大学，2011.

［14］孙涛．转型期幼师专业班主任面临的挑战及其对策［D］．烟台：鲁东大学，2012.

［15］李忠玲．幼师毕业生就业指导的对策与研究——以潍坊幼教特教师范学校为例［D］．烟台：鲁东大学，2012.